58歳から日々を大切に小さく暮らす

ショコラ

はじめに

60歳になった頃、ライフスタイルが変わり始めました。

今の時代まだ若いと言われる年齢でも、還暦という人生の節目を迎え、体力も気力も年々衰えていく。実際に病気などあるわけではないけれど、いつどうなるかわからない……。

そう思ったとき、何かあったら残された2人の息子たちに、片づけをさせることになる。そのときなるべく迷惑をかけないように、今から日々の暮らしをシンプルにし、必要なものだけ残そうと、物の整理を始めました。

生前整理にはまだ早いけれど、老前整理です。


20年前、42歳で生まれて初めてのひとり暮らしは、1Kの小さなアパートから始まりました。家具は椅子1脚と衣装ケース3個、服やアルバム、身のまわりの雑貨程度。

掃除機も炊飯器もない、今で言うミニマリストのような生活。必要最低限と思うベッドやテーブル、テレビ、冷蔵庫などを買い足しながら、5年後に今のマンションを購入しました。
元々インテリアが好きだったので、夢は広がり、家具や雑貨を揃えました。洋服も増え、クローゼットの中はギュウギュウに詰まった状態でした。
家具や服、本に食器や雑貨。一度にやろうと思わず、少しずつ気が向いたときに。2年近くかけて、今はちょうどいいと思う数のもので暮らしています。

ものを減らしていくと、ムダなものを買わなくなります。何十年も節約のために続けてきた面倒な家計簿も、昨年でやめました。シンプルに暮らすことで、毎月の少ない予算でやりくりすることが身についてきました。

今は平凡なパートのおばちゃんの毎日。節約だけの味気ない生活ではなく、お金をかけずに楽しむ方法も工夫しながら。

何もなければ、まだ数十年ある老後。不安を抱えながらも、日々を大切に前向きに暮らしていれば、それが積み重なっていくはず……。

この1冊が、読んでくださるみなさまのこれからの暮らしに、少しでもお役に立てば嬉しく思います。

CONTENTS

2章 コンパクトな部屋を住みやすく整えて

3章 本当に使うものだけを持つ

4章 キッチンまわりも小さく

5章 お金のこと

6章 自分時間の楽しみ方

7章 1日1日を大切に、年を重ねたい

1章

これからに向けた、小さな暮らし

ハードな営業職から パート勤めに変わって

ひとりになり、契約社員からスタートした営業職。化粧品メーカーだったこともあり、男女の差がなく、結果を出した分、お給料も上がりました。正社員になってからはチーフ、小さい営業所ながら所長という立場も経験しました。

やりがいをもって働いていましたが、50代後半にさしかかり、長時間労働や数字のストレスからか、体調を崩すように。これまでずっと仕事だけの生活だったし、ここで自分のためセミリタイアして、年金がもらえるまでゆっくりパート仕事をしよう……。そう思い、57歳で退職しました。

その後、ハローワークで見つけた職場では、覚悟はしていましたが、「パートのおばちゃん」という立場に最初戸惑いました。与えられた仕事の中で、上司に不明な点を質問すると、「そんなこと考える必要はないから、言われたことだけやっていればいいんだよ」と答えが返ってきて……。

それまで数名の部下がいて、仕事の内容や流れを随時把握し、指示を出す立場だったので、会社にとって自分の存在価値はあるのだろうかと悩みました。

定年退職した男性が感じるようなジレンマだったと思いますが、それも徐々に慣れていき、少しずつ小さな仕事を任されるように。男性は名誉欲が強く、仕事においてポストが重要。一方、女性はポストより、認められることが重要。そんな話を聞いたことがあります。

まさに自分がそう。前職でも、所長だったときより、自ら現場に出て、周りから仕事の実績を認めてもらえたチーフやヒラの頃のほうが、喜びも大きかったものです。

2年前、1週間の休暇をとった後に出勤した朝。上司から言われたのが、「ショコラさんのありがたみがよくわかったよ」。とても嬉しい言葉でした。普段、雑用仕事を一手に引き受けているのを、助かると思っていただけた……。仕事をしていてよかったと思いました。

63歳になった今では、入社当時よりさらに頭の回転も鈍くなり、慣れた仕事はまだしも、新しいことは覚えが悪く、ミスもよく起こす。それでも叱ることなく、こんな私を重宝に使ってもらっていることに感謝して、仕事を続けています。


この歳になったら時間にしばられず、自由に生きたいと思うこともあります。働くのは生活費を稼ぐため。けれども、働き続けることで、日々のメリハリや社会に参加できる価値も感じています。

ただ、60歳をすぎた頃から、体力も気力もどんどん落ちていくのを実感。この春より、月～金曜の5日間フルタイムから、週中に1日休む勤務形態にしてもらっています。

お給料がその分減り、やりくりは大変になりますが、この勤務ならまだ数年仕事を続けられそうです。

STYLE 2

小さくとも「自分の城」がある心強さ

42歳のときに別居が始まり、ひとりで家を出ました。高校生だった息子たちの生活が心配だったので、知り合いの地元不動産屋さんから、元家に近い花屋さんの店舗の2階を紹介してもらいました。

花屋さんの住まいは他にあったので、店が閉まる夜7時以降と定休日の日曜、いるのは私だけ。階下からの物音もなく、アパートというより一軒家の2階に住んでいるようでした。

小さなキッチンと6畳の洋室、ユニットバスが付いて、水道代込6万2000円。

当時は仕事が終わると元家に直行し、息子たちの夕食の用意や翌日のお弁当作り、洗濯。3人でテレビを見たりして団らんし、息子たちが自室に引き上げてから帰ってくるという、まさに寝るだけの部屋でした。

こんな生活を4年ほど続け、息子たちが成人後、正式に離婚。元家に行くことはなくなり、6畳一間では息子たちが遊びに来るのも狭い。小さなキッチンでは料理もしづらい……。

もう少し広い部屋への引っ越しを考え、近くの賃貸物件を見てまわっていた頃。「そろそろ将来、老後のことを考えたほうがいいよ」と言って、近所の友人が持ってきてくれた、新築マンション販売のチラシ。それが今のマンションです。

貯金もほとんどなく、毎日のことで精いっぱいだったので、自分が家を買うなんて考えたこともない。でも、チラシを見ると、3LDK中心だった当時には珍しい、シングル、ディンクス向けの小型マンション。マンションの底値の時期でもあり、一番安い1LDKの部屋なら私にも買えるかもと思いました。

譲れない条件は、息子たちが住む家に近いこと。最寄り駅まで歩けること。ムリのないローン設定であること。この3つをすべて満たした物件だったので、間取りや建具などの好みは考えず、チラシだけで購入を決めてしまったようなものです。普段は、小さなもの

63歳の誕生日に、高校からの友人が贈ってくれたフリージア。百均で買ったピッチャーを花瓶がわりに。

ひとつ買うにもあれこれ考え、なかなか買えないのに……。

その頃は、不動産情報をネットで検索するような時代ではありませんでした。購入した後、大きな買い物をしてしまった、もっといろいろ見て検討すればよかった、中古でもよかった……などと落ち込んだことも。

けれども、この部屋があることで、息子たちに私の老後の心配をかけることがなくなった。第二の実家にもなった。

1フロアに3戸だけ、エレベーターホールを中心に3方向になり、どの住戸も独立した角部屋。隣家の物音は聞こえず、上下の部屋もひとり暮らしの女性なので、とても静か。

最初は効率が悪く、半端で好きでなかった間取りも、住んでいるうちに愛着がわいてきました。

マンション内には同世代ひとり暮らしの女性が多く、購入当時からの顔見知りが何人かいます。同じフロアの2人も、私より年長の女性でひとり暮らし。会えば立ち話したり、何かあったら助け合いましょうと言い合っています。

分譲マンションは、理事が輪番制だったり、室内の器具が壊れたら自分で修理しなくてはならない等、面倒なこともあります。今は息子たちも独立し、違う街に住んでいるので、ここに決めた最優先事項もなくなってしまいました。

とはいえ、この先買い替えや賃貸に引っ越すことは、お金や労力を考えたら、まずない。ここが終の棲家になるでしょう。

周りの住民たちに恵まれているのは、この先もっと歳をとったとき心強いです。

それにしても、新聞をとっておらず、折込チラシを目にすることもない。マンション購入など考えたこともない。そんな私に変わって、老後を親身に考えてくれた友人は、本当にありがたい存在です。

ひとりで 20 年暮らしてきたから、この先もこわくない

ひとり暮らしは寂しいのでは？と時々聞かれますが、20年間一度も寂しいと思ったことはありません。ずっと仕事をしているので、部屋に帰ってひとりになると、ホッとします。

誰も気にすることなく、好きな時間に好きなご飯を食べ、テレビやネット、音楽を楽しんでいるうちに、あっという間に時間が過ぎます。

今のこの気楽さも、初めからではありません。42歳でひとりになったときは、手取り20万円にも満たないお給料の契約社員。家賃を払いながら、貯金もあまりできない。老後の住まいや生活のことを考えて、この先どうなるんだろうと不安で眠れない夜も。

でも、そんなとき、こう考えたのです。

「今まで人生を生きてきて、ある程度やりたいことはやった。だから、どうしようもなくなったら、死んでしまえばいいんだ」

と。すると、不思議と不安がなくなり、何でも頑張ろうと前向き

になれたことを憶えています。

幸い正社員になり、お給料やボーナスも少しずつ上がっていきました。数年前にローンも完済しました。

何十年先のことはどうなるかわかりませんが、今は友人たちや家族、2人の息子たちとも定期的に会ったり、メールのやり取りがあります。

ひとり暮らしでも、何かあれば頼れる人たちがいると思うので、この先も今までと同じひとりで、不安だと感じることはないと思います。

少ないものでシンプルに暮らすための「老前整理」

インテリアに興味があり、好みは変わりながらも家具はずっと好きでした。

部屋も狭く、最小限の家具で暮らしているつもりだったのに、あったほうが便利だろうとダイニングセットにコーヒーテーブル、飾り棚、余分な椅子等、少しずつ増えていました。

数年前に出会った、「ミニマリスト」という言葉。調べてみると、本当に少ない家具や物で暮らしている人がいる……。

スッキリしているけれど、私にはムリだな。ソファもテレビも炊飯器も電子レンジもない生活など考えられない。毎日同じ服では楽しくないし、いつも同じ食器で食事はしたくない。

でも、それをきっかけに、部屋の整理をしようと思い立ちました。物を持ちすぎていたとは思いませんでしたが、必要のないもの、好きではないものを持っていたくないと。

片づけ本を図書館から何冊か借りてきて。本の通りに真似するのではなく、残しておくもの・捨てるものは、あくまで自分の基準。生前整理にはまだ早いけれど、「老前整理」です。

近い将来すぐにいなくなるとは思いませんが、何が起こるかわからない。私がいなくなった後、この部屋を片づけるのは息子たちです。迷惑はかけたくありません。

部屋の中や持っているものを見直し、少ないものでシンプルに暮らすことを心がけるようになりました。

大きな家具から始め、次は整理しやすい洋服類、靴やバッグ、食器や調理器具。少しずつ捨てながら好きなもの、必要なものだけを残し、今は持っているものをほぼ把握できるようになりました。

私が子どもや10代だった頃は、ものが増えることを、みな幸せに感じていた時代でした。

日本は高度成長期で、まだ決してものが豊かな時代ではありませんでした。初めてのテレビ、初めての冷蔵庫、初めての洗濯機（脱

家具の配置は10年以上同じ。元々ベッドは頭をベランダに寄せて、ソファもテレビの真正面に置いていましたが、家具を壁に寄せて使うことで、部屋の中央を広く開け、部屋も広く見えます。

水はローラーで回していた）が家に来たときの驚きと喜び……。

家具や電化製品、服も靴も満足に持っていることは少なく、新しく買うこともめったにない。小学生の頃を思い出しても、元旦に家族みんなが服を新調できるのが楽しみだったほど。

今の若い人たちのように、生まれたときからものに不自由なく育った世代とは違い、ものを持つこと、増えることの幸せを知っている私たちの世代は、ものを減らすことになかなか踏み切れないことも多いはずです。


持っているだけで場所をとる、あまり使わないキッチン道具や食器、もう着ていない服や持たないバッグ、履かない靴……。そういうものの処分は比較的簡単ですが、過去からつながる今の自分をつくっているものたちの処分は難しい。

大切にしたい思い出のもの、好きな食器や雑貨、身につけると幸せになれる服やバッグに靴。歳をとるほど増えていくものです。でも、そんなふうに思えるものがあるのは、とても幸せなこと。
私も自分の写真や息子たちの写真、若い頃からの手紙類や好きな音楽のCDは、まだ手をつけられずにいます。もう少し歳をとって時間に余裕ができたら、これらも片づけようと思っています。

大事なのは、不要なものや好きでもないものと、一緒に暮らさないことではないでしょうか。
自分の基準をつくり、ものの処分をしていれば、自然に好きなものを大切にした、シンプルだけど豊かな暮らしになると思っています。

ひとり暮らしならなおのこと、飾りの何もないガラーンとした部屋ではきっと寂しくなってしまう。思い出のある、好きなものたちが目につくことで、寂しいという気持ちは起きません。

「自分で動かせない」重くて大きい家具は処分

老前整理を決め、まずは家具の処分から始めました。

元々大きな家具はありませんでしたが、今のうちに、なくても困らない家具、自分で動かせないような重い家具は処分してしまおうと思いました。歳をとるほど体力が落ち、力もなくなり、面倒だなと思う気持ちに拍車がかかるでしょう。

処分したのは、2人用ダイニングテーブルと椅子2脚、飾り棚、4段チェスト（ビューローの代わり）、大きな座椅子、クローゼットの中のスチールラック。

家具の配置を変え、部屋の模様替えを楽しんでいた頃が嘘のよう。これだけ捨てたので、ずいぶん部屋がスッキリしました。

粗大ゴミとして1階のエントランスまで運ぶのは、大変な作業でした。今のうちにやっておいてよかったと思っています。

部屋に残した家具は7つ。これから新しく増やしたり、買い換えたりすることはないと思います。できるかぎり、重くて大きいものは持たないように。ベッドもコンパクトサイズです。

ドアポケットが大きく、冷凍室が下にある使いやすい大きさの冷蔵庫。ヴェトナム土産のマグネットがアクセント。

無印良品の脚付マットレスはコンパクトで、圧迫感がなく部屋がスッキリ見えます。

4年以上前、ヤフオクで8000円ほどだった、中古のケイト・スペード。小さめですが大きい外ポケットあり。ハンドと斜めがけショルダーがついているのが便利。

自炊はするけれど、ひとり暮らしだし、買い物は1日おきにはするので、大きな冷蔵庫は必要ありません。スペースの都合で上に電子レンジを置きたいので、小さめの冷蔵庫を選んでいます。

そして、体力がなくなってくると同時に、持ち物の見直しもしました。一番はバッグです。若い頃のように重いブランドバッグを持つこともなくなり、バッグ選びの基準は「軽い」ことが最優先。

小さめバッグに入るよう、中身を整理し、財布やポーチも軽くて小さいことを基準に選んでいます。

通勤バッグの中身。お弁当を入れています。折りたたみ傘は天気次第で。小さめ水筒にはアイスコーヒー。細々したものはポーチにまとめることで、バッグの中でバラバラを防いでいます。

中がコンパクトにまとまる、がま口財布。小銭を分けて入れられて、便利です。

STYLE 6

普段は節約、お金を使うときは使ってメリハリ

「身の丈に合う」という言葉をよく聞きますが、これからの暮らしに必要なのは、この「身の丈」ではないかと思っています。57歳以降は、正社員で働いていた頃とは違い、ボーナスもなく、お給料はガクンと減り、貯金も全然できなくなりました。でも、手取り12万円なら、工夫して、それに合った生活水準にすればいいのです。

百均やヤフオクを利用した買い物、図書館通いも6年以上ずっと利用しています。

図書館は、新刊を読むのは難しくても、お金を出したのにさほどおもしろくなく、買って失敗したという思いをせずにすみます。本を増やすことなく、パッと目についた本を無造作に借りられる。利用しなくてはもったいないと思います。

片づけの本だけでなく、インテリアのお手本や節約本も、図書館で借りて読みました。

とはいえ、節約や毎月のやりくりばかり考えていては、日々楽しくありません。

ひとりの毎日は安上がりの食事でも、近所の散歩で美味しそうなお店を見つけたら入ってみたり。家族や友人たちと会って、普段食べないような、ちょっと贅沢な食事を楽しんだり。どうしても欲しければ、いつもより高い服やバッグを買ったり……。

「身の丈に合わない」時間を持つことも必要だと思っています。

そんなメリハリをつけたお金の使い方で、限られた少ない予算でも不満を持たずに暮らせています。

インターネットが世界を広げてくれる

インターネットは、なくてはならない存在です。記事を書いてブログにアップし、ヤフオクは20年以上趣味のようにやっています。美味しいお店や旅行のツアーを検索したり、地図で場所を確認したり、最新のニュースを見たり。何か買おうと思ったとき、まずネットで種類や価格を調べます。画像だけで判断が難しければ、店頭で商品を確かめ、ネットで最安値の店を探すこともあります。節約にも役に立っています。

古い映画やドラマを探して観たり、好きだった昔の音楽をスピーカーにつないで聴いたりと、お金をかけずに楽しめることもたくさんあります。

最近便利に使っているのが、図書館の予約サービス。読みたいと思った本を検索し、予約カゴに入れれば、区内のどの図書館からでも最寄りの図書館に取り寄せてくれます。届いたらメールで知らせてくれ、保管期間も1週間あるので、休日に取りに行くことができます。

スマホ歴は7年です。そのわりには使いこなせていませんが…。友人知人との連絡は主にLINEで。とてもラクです。

人気の本は予約待ちということもありますが、何人の予約が入っているかもわかります。

家にいるときは、やはり画面が大きいパソコンが主ですが、通勤電車の中や昼休みにはスマホを開き、ニュースを見たり、友人とLINEのやり取りをしたりします。

目で確かめ、手で触れるのが大切なこともありますが、ネットの様々な情報がどれほど役立っているかを考えると、この先ももっと便利に使っていこうと思っています。

2章

コンパクトな部屋を住みやすく整えて

STYLE 1

ちょっと変わった
わが家の間取り

住んでいるのは、16年前に新築で購入した、1LDKの部屋です。各フロアに、それぞれ面積も間取りも違う住戸が3戸だけの小さなマンションで、エレベーターホールを中心に、どの部屋も角部屋になっています。廊下やキッチン、バスルームにも窓があります。

南西向きなので朝は陽が入らないものの、午後は明るく、向かいのマンションの間からですが、夕日がきれいに見えます。

42㎡ほどの広さですが、変形の間取りなので廊下の面積が広く、居室の広さは実質的に15畳弱です。廊下がムダな面積だな、この分リビングがもっと広ければと、ずっと不満に思っていました。でもあるとき、不動産の仕事をしていたというガス点検のお兄さんが、

「この廊下、明るくてゆったりしていて、とても素敵ですね。玄関からすぐに部屋ではないから、広く感じます」

と褒めてくれました。それ以来、ムダなスペースがあるのもいいことなのかもしれないと思うようになりました。今ではこの間取りを気に入っています。

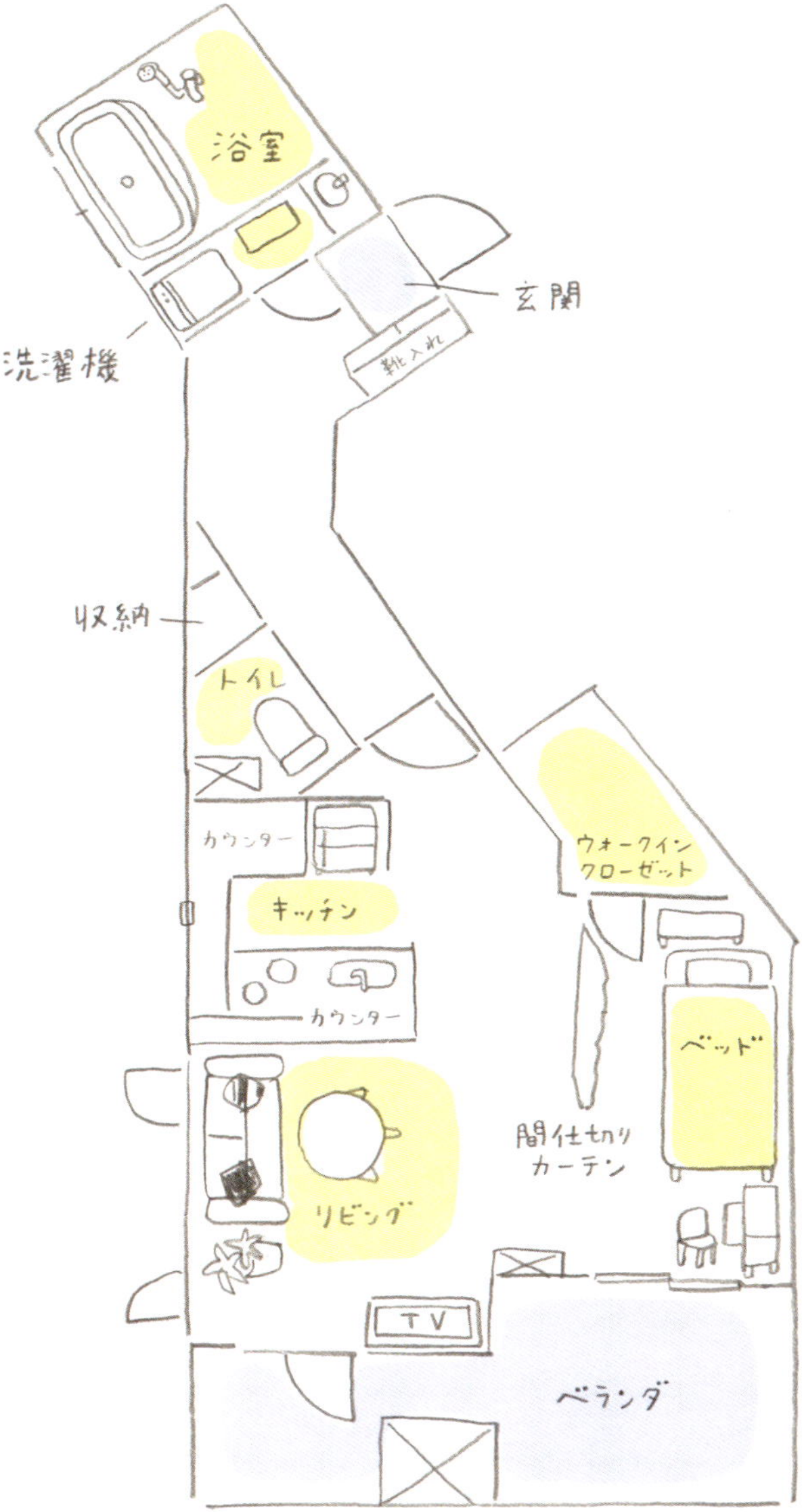
浴室
玄関
靴入れ
洗濯機
収納
トイレ
ウォークイン
クローゼット
カウンター
キッチン
カウンター
ベッド
間仕切り
カーテン
リビング
TV
ベランダ

玄関から廊下を見たところ。布の部分は収納スペース。ごちゃついて見えたので、生地を買ってきて突っ張り棒でつるし、目隠しに。

扇風機やティッシュのストックなどを置いています。上段奥にあるのは、息子が泊まりにきたとき用のマットレス。

入居したときから使っている鏡。壁面の広いリビング入り口にかけ、アクセントに。

玄関コーナー。3年前妹と行った沖縄土産のシーサーは、落ち着いた赤茶の単色が珍しい。

リビングは心も体も休まる場所に

ワンルームにしているので、ベッド以外は部屋中すべてリビングと思っていますが、ソファとテーブル、テレビを置いたリビングスペースは6畳ほど。ソファベッドならこの空間で暮らせるというくらい、とくに休日は長い時間を過ごします。

居心地の良いソファにもたれ、お菓子を食べながらテレビを見て、本を読み、ネットサーフィンをする。至福の時です。

音楽を聴くのも、食事をするのもここ。ホッとくつろげ、楽しむ時間が持てる。心も体も休まる場所です。

床に座る時間があるので、ラグは欠かせません。モロッコのラグ・ベニワレンに似た柄を探して。白ベースなので汚れが目立ちますが、肌触りが良く、部屋のアクセントになって気に入っています。

ソファ

のんびりくつろぐために、ソファは必需品です。使っているのは、無印良品の2シーターソファ。部屋を広く見せるよう、カバーはアイボリーです。

ソファを選ぶときにこだわるのは、カバーを取り外して洗えること。背もたれや枕代わりにしてくつろげるよう、アームは一体型のクッションが入っているものであること。

無印良品のソファは、この条件にぴったりなので、今のものは2台目。12年使っています。

1台目はウレタンクッションでしたが、4年ほど使った後で羽毛タイプに買い替えました。柔らかいフンワリ感がやはり違います。もったいなかったし、大きくて粗大ゴミに出すのも大変だと思い、引き取りに来てもらう条件でヤフオクに出品しました。

無印良品の人気を思い知らされる金額で落札され、若い男子が軽トラで友人とともに引き取りに来てくれた思い出があります。

テーブル

以前は、2人用の小さなダイニングテーブルと、ソファの前にはコーヒーテーブルがありました。4年ほど前、初めての家具の整理で、どちらも処分しました。

代わりに、ヤフオクで見つけたのが、直径80㎝・高さ35㎝ほどの、ちゃぶ台のようなウォールナットの丸テーブル。新品ではありませんでしたが、傷みはなく、1万円でお買い得でした。

前に使っていたコーヒーテーブルも円型でしたが、4本の脚が邪魔でした。新しく買うとき参考にしたのは、アメリカのテレビドラマ「セックス・アンド・ザ・シティ」のキャリーの部屋のテーブル。中央から四方に広がる脚が、スッキリしていて気に入っています。

もっと歳をとって床に座るのがつらくなってきたら、ソファの高さに合わせたテーブルに買い替えるかもしれません。そのときは北欧ヴィンテージのチークのテーブルが理想です。

幅が1mと半端なテレビ置き場にぴったりのサイズが見つかって。深く大きな引き出しやDVDラックもつき、便利に使っています。

テレビボード

入居時に購入して、16年使っているテレビボードは、プランタン銀座の地下にあったインテリアショップで購入しました。

当時プランタンは、インテリア売り場が充実していて、地下には素敵な家具がたくさんあったし、別館は直輸入の雑貨や食器等目移りしてしまうほど楽しい売り場で、買わずに見るだけでもよく行っていました。

こげ茶色が気に入り、今ではとても買えない値段でしたが、新しい部屋に置くのだからと、奮発して買ったものです。

できるかぎり小さなサイズを探して、ネットで見つけました。キャスター付きなのは便利。4000円以下でお安く買えました。

移動式パソコンデスク

ブログを書いたり、ネットを見たり、音楽を聴いたり……いずれもパソコンを使っています。

ソファに座って、ということがほとんどなので、高さ調節ができるデスクを10年以上使っています。

気に入っているのは、キャスター付きで、ノートパソコンの大きさにちょうど良い小ささであること。

ただ、ステンレス素材や白色に違和感があるので、木目のものに買い替えたい。でも、なかなか思うようなものが見つかりません。それだけ使いやすいデスクなのです。

1LDKのベッド空間は透けるカーテンで仕切って

ベッドルームとして使っている部屋には、元々間仕切り用の折りたたみドア3枚がありました。でも、ひとり暮らしなので、仕切りを使う機会はほとんどなく、いつも開けっ放し。

分厚い木材に、小さく区切ったすりガラスがはめ込まれた折戸は、折り畳むとけっこうな厚み。その分を広く使いたいと考え、10年ほど前、思いきって業者さんに外してもらいました。本当にいいんですか、もったいないですよと言われました。

たしかに、間仕切りがないということは、もしこの部屋を売るようなことがあったとき、大きなマイナスポイントになるかも……。そう考えて少し後悔しましたが、結果として外してよかった！


ベッドルーム4・5畳、LD約10畳を仕切ると圧迫感があり、それがワンルームになると、ベッドで寝ていても、どこにいても、テレビも壁に掛けた時計も見えます。

ただ、部屋に入ってすぐにベッドが丸見えなのが気になる……。

掛け布団カバーは入居時に購入したマリメッコ。限定色で、今はもう販売されておらず残念。だいぶ色褪せしていますが、生地が丈夫でまだまだ使えます。

枕カバー。上の写真のカバーは、廊下収納用目隠しに使った生地の残りでつくったもの。袋状に簡単に手縫いしただけ。

リビングからベッドスペースを見たところ。ベッドカバーは約30年前、1000円ほどで買ったインド綿のマルチカバー。丈夫で長持ちしています。

パーテーションを置いてみようと探しましたが、大きさやデザイン、それに価格に見合う良いものが見つからない。そもそも大きくて邪魔だろうと考え、布を上からつるす方法に思い至りました。そして、ヤフオクで見つけたのが幅140㎝のカーテンです。

イタリア製ですが1200円ほどで、丈が長すぎたので裾を折り返し、ちょうど良い長さに詰めました。曇りガラスのような透ける素材で、色もアイボリー。見た目も重くならずに目隠しができます。

リビング側からは見えないようにポールを渡し、間仕切りカーテンをつるして。

軽いベッド

使っているのは、3台目になる無印良品の脚付マットレスです。初代は5年ほど使った後、中央辺りがへたってきたので、買い替え。2代目も、やはり5年ほどで同じように中央がへたってきました。お尻やお腹、腰回りの重さのせい？

マットレスは消耗品なのだろうとあきらめ、3代目はより安価なものにしておきました。

ベッドルームの壁が直角ではなく斜めなので、ヘッドボードのないマットレスにしています。おかげでベッド感がなく、ワンルームにして暮らす部屋には、スッキリしてちょうどいい。木製の重いヘッドボードやフレームがないため、軽くて動かすのもラクです。

マットレスに付ける脚は12㎝。これは初代から同じものを使っており、買い替えはマットレスだけです。今のマットレスは無印良品週間で送料無料、引き取りキャンペーン中に購入したので、買い替えもラクにすみました。

ナイトスタンドは、当時好きだったビーカンパニーのもの。やわらかな光が間接照明にも。

（左）ナイトテーブルの引き出しにはハンドクリームやポーチを。奥には災害時用のビニル袋。（右）背面にはコンセントの差込口。コードがスッキリまとまる。

ナイトテーブルとライト

若い頃から、早起きも夜遅いのも苦手で、睡眠時間を人より多くとらないと調子が悪い。

また、寝る前に本を読むのを楽しみにしているので、10時半から11時の間にはベッドに入ります。

1日の終わり、30分から1時間ほどベッドの中で読書するのが、ひとり暮らしの幸せです。

枕元にはナイトテーブル。斜めの壁に合わせて、小さいものを探しました。

このナイトテーブルは、4年ほど

前ヤフオクで見つけたもの。新品なのに5500円とお買い得で、落札して届いてみたら、ケユカのもの。幅33㎝、奥行き45㎝と小さめの、ちょうど良いサイズです。

背後にはコンセントの差込口が付いていたので、さらに嬉しくなりました。コンセントが付いていると、ナイトスタンドやスマホの充電に使えるので、とても便利です。

テーブル上には、ナイトスタンド、目覚まし時計、小さな懐中電灯、本、読書のための老眼鏡。寝る前にはスマホを充電し、これ以外のものは置かないようにしています。

ナイトスタンドは、この部屋に入居したときに買ったもの。明るさが調節できて角度も変えられるので、寝る前のベッドで読書が習慣の私には、とても便利なものです。

16年使っていますが、レトロな雰囲気で飽きることがなく、時々傘を取り外して洗いながら大切に使っています。

STYLE 4

ひとつで何役にもなる ライティングビューロー

北欧インテリアに憧れたのは、5年ほど前、神田万世橋エキュートをブラブラしていたとき、北欧雑貨店のハルタにあったライティングビューローに一目惚れして。

それまで好きなインテリアは、アジアンを経てビーカンパニーのようなレトロクラシックな感じで、家具はこげ茶色を選んでいました。ヴィンテージチークの、濃くも薄くもないブラウンのきれいな木目に魅了されたのでした。

ライティングビューローは昔から好きで、結婚したときにも小さなものを買いましたが、あくまで机の役割だけでした。これはチェストとデスク、飾り棚にもなる多機能なつくりが、小さな部屋にも合いそうだと思ったのです。

ちょうど部屋の整理を始めた頃でした。ベッドコーナーには4段のチェストと上にミラーを置き、小物や雑貨を飾るトレー式のミニテーブルがソファの脇にありました。それらを処分して、ライティングビューローひとつにできたら、部屋が広くなると思いました。

当時仕事をパートに変わったばかりで、私には贅沢品。手が出ないと思っていたけれど、2年たっても欲しい気持ちは変わらず。

その間も、ネットでヴィンテージのお店や北欧ブログをチェックしていました。ライティングビューローとひとくちに言っても、幅も高さも引き出しの数もそれぞれ、ミラーがあったりとデザインも様々。やはり値段が高く、人気なのか迷っているうちに売れてしまったこともありました。


やっと巡り会えたのが、次男がヤフオクで探してくれたもの。大きさもデザインも理想通り。左脇の小さな3段引き出しがとても便利で、送料込み8万円でした。

実は、メンテナンスが不十分だったのか、下側の一番上の引き出しの支えが甘く、引き出すのにコツがいるので、ここには普段あまり使わないものを入れています。

籐椅子のクッションカバーは、15年ほど前にサイズアウトで履けなくなったタイトスカートをリメイク。シルクなので手触りも良く、気に入っています。

ビューローの引き出し上段。開閉がスムーズではなく、普段使わないものを入れて。タオルハンカチのストック、季節外の手袋や扇子など。

引き出し3段目。左から枕カバー、部屋着兼寝巻き、右はナイロンポーチ類、大き目の巾着袋、スカーフ類。旅行や銭湯へ行くとき等の着替えを入れています。

以前使っていた4段チェストと比べ、引き出しは3段で高さも低くなり、収納力が落ちたので、その分かなりの処分もできました。

私と同じ頃に生まれた家具は、行ったこともない、遠いデンマークから人の手に渡りながらここまで来たのだなと思うと、よりいっそう愛着がわきます。

家具類は、好きな人には一生物以上の価値があるので、思いきって買ってよかったと思っています。

アロマの香りを近くで楽しみながら、夜は書き物をしたり、朝はメイクをしたり。毎日の暮らしに役立っています。

家計簿や、献立を考えて書く買い物メモ、たまに書くメッセージカード等、書く作業はなぜか椅子に座ってしたい。

以前はダイニングテーブルを使っていましたが、このビューローなら目の前の棚にノートもペンもあって便利。メイクのための小さな鏡や化粧ポーチも置いてあります。

普段、テーブル部分はコンパクトに収まっています。使うときに引き出すワクワク感も、好きな理由です。


このビューローを買った後、北欧インテリアにハマってしまい、もうひとつヴィンテージのミニチェストが欲しくなりました。

リビングの入り口に置いて、バッグを置いたり、引き出しには書類等収納したいなと思いましたが、あまり実用的でないようだし、飾り棚として使うなら、家具の処分をした意味がないのでは……。

リビング入り口の空間にものを置きたくないと思い始め、2年間温めた気持ちが今はさめています。いつかまた欲しくなるかもしれませんが、そのときはそのときでまたよく考えてみます。

そして、北欧インテリアに憧れていても、ここは日本。自分らしく、好きな物をミックスしたインテリアが一番です。40代の頃好きだった、夏の暑い太陽を思わせるアジアン雑貨や、ずっと好きなモロッカン柄もインテリアに取り入れています。

ビューローの椅子にしているのは、チークではなく、30年以上使っている籐椅子。友人と遊びに行った、鎌倉のカザマラタンのショップで見つけ、これも一目惚れしました。

ダイニングセットで売られていたのですが、家にあるパイン材のテーブルが気に入っていたので、椅子だけ4脚購入したものです。長い間に残ったのは、この1脚だけ。

最近、籐家具はあまり見かけませんが、軽いので掃除のときもラクです。

ビューロ―に合わせて欲しくなったのが、小さなヤコブソンランプ。高価でしたが、ランプ欲しさに楽天カードに入会し、もらったポイントを使って半額程度で購入できました。

部屋に緑は欠かせません

部屋に緑は欠かせません。

リビングにあるユッカの樹は、高校時代の友人からもらった引っ越し祝い。以前は、部屋に家具も多くあり、最初はもっと小さな樹だったので、玄関廊下に置いていました。その後大きくなってきたため、ベランダに移動。

あまりに幹が伸び、葉が茂りすぎたので、途中で一度剪定し、リビングの家具を処分した後、部屋の中に戻しました。

その間3、4回、植木鉢を大きなものに変えながら、今はソファの脇でいつも目に入り、枯れることなく16年。もっとおしゃれな鉢に植え替えてあげたいと思っているのです。

キッチンの小窓には、小さな植物を置いていますが、高いものはなく、ダイソーで買ったサボテン2つと、ナチュラルキッチンの小さなガジュマル。他に、その時々で小さな鉢植えの花を置いて、色を楽しんでいます。物を減らしたシンプルな部屋だからこそ、植物のグリーンがより必要な気がします。

窓につるしているのはマダガスカルジャスミン。ハンギングプランターはニトリで購入。蔓が好きな方向に伸びるのを楽しんで。香りの良い白い花が咲きます。

キッチンの小窓は気に入っている場所。小さなグリーンを並べ、料理をするときも眺めて癒やされています。

STYLE 6

飾られた思い出の品々を眺める幸せ

床に置く家具は減らしても、シンプルすぎては居心地よくないし、自分の部屋らしくなくなります。場所を決め、好きな物、大切な思い出のものを飾って。眺めて楽しんでいます。

部屋の中央柱に、ハンドメイドの小さな棚を2つ掛け、思い出のある雑貨を飾っています。

ソファ脇のキッチン裏のカウンターには、小さい頃の息子たちの写真。彼らと一緒に、幸せそうな亡き父の写真。

息子たちが小さかった頃の写真は、たくさんある中から、たまに入れ替えています。ソファに座りながら、いつもこんな写真を眺めているから、いくつになっても子ども扱いしてしまうのかもしれません。

ライティングビューローの上には、懐かしいイーグルスのLPレコード。

玄関の棚には、長男が中学生のときに書いた、父が忘れていった

廃材を利用した小さな飾り棚はヤフオクで見つけました。2つで1100円ほど。息子からのプレゼントや旅行のお土産など、ひとつひとつに思い出があります。

壁に掛けてあるのは、次男が中学の美術でつくったもの。好きだったハイロウズのCDジャケットを見て描いたそう。オレンジと黒の色合いがアクセントに。

こちらも次男作。ジーンズのパッチポケットを、段ボールの裏に描いたもの。ベッドサイドの壁に掛けています。

タバコの絵。妹と行った沖縄旅行で買って来た、珍しい色彩のシーサーが何年も変わらず置いてあります。

写真類はまだ整理をしていませんが、持ち歩いている手帳に1枚だけ息子たちの子どもの頃の写真を入れています。

長く生きている分、思い出もたくさんある。眺めていると懐かしく、その時々のエピソードが浮かんできて。いつまでも大切に残しておきたいものたちです。

こうして思い出に囲まれているから、少しも寂しさを感じないのでしょう。

手帳にはさんである、息子たちが子どもの頃の写真。半ズボンが時代を感じさせます。時々見返し、思い出にひたります。

たくさんあるアルバム。普段は靴入れの空いた棚にしまってあります。

3章

本当に使うものだけを持つ

2年以上かけてゆっくり進めた物の整理が一段落

必要なものだけを持つ、シンプルな暮らしをめざしたときに、不要なもの、使わないものの多さに驚きました。処分に忍びないものでも、なくなってみれば忘れてしまうものも多く、いかにスペースをムダにしてきたかわかりました。

広い家なら、家具がひとつ増えても邪魔に感じることはないかもしれません。狭い部屋では、小さな家具ひとつでもなくなると、思った以上にスッキリし、何より掃除がラクになります。

着ていない服で引き出しの中を満杯にするより、余裕があったほうが使いやすい。クローゼットのバーも、ギュウギュウよりスカスカしているくらいのほうが、何があるか一目でわかり、シワにもならず、1枚1枚を大切に扱う気持ちになります。

服やバッグ、靴を減らし、食器を減らし……。一度になんてとてもできず、その気になったときだけ。2年以上かけて今の状態になりました。

最近やっと、自分ではベストな状態に落ち着いたかなと思っていますが、気持ちや環境の変化があれば、これからもまだまだ見直していきます。

不要とは思いながら、捨てられないものもあります。

洗濯と掃除をラクにするため、マット類を撤去することに。キッチンとトイレのマットは潔く処分しましたが、玄関マットはお気に入りで思い出のあるもの。軽井沢のアウトレットで一目惚れして買い、この部屋に住んでずっと使っていました。

処分せずしまっていましたが、ものの整理を続けながら、単に減らすことだけを頑張っても意味がないと気づき、復活させました。

帰ってきたとき、床より優しく足を置けるマット（P97）。20年たっても飽きることがない色と柄は、目に入るたびに、これ好きだなと満足していいます。

「これあると便利かも」は「なくても大丈夫」がほとんど

百均はよく利用しますが、必要なものだけを買います。ぶらぶら見ていると、とくにキッチン用品やお掃除用品に多いのですが、便利そうで欲しくなる新製品がいっぱいあります。

そのときは便利そう、良さそうだと購入しても、1、2回使ってそのままという経験が多々あります。あれば便利だろうと思うものは、なくてもやってこれたのだから、必要ないはず。ないと困るものだけ買ってくるように習慣づけています。

不要なものが増えるだけでなく、お金を捨てるようなことはしたくないと考えてしまいます。

キッチン家電で処分したのは、ミキサーとコーヒーメーカー。どちらも何かの景品でもらったもの。大きく場所をとり、色も好みではない。何年か時々使っていましたが、なくてもいいと思い、捨てました。実際に、なくなってもまったく困っていません。

反対に、処分して「やっぱり必要だ」と買い直したのが、トース

家具ブランド・アマダナとビックカメラのコラボ、TAGlabel のトースター。コンパクトサイズでタイマーボタンだけのシンプルなデザイン。炊飯器も同シリーズです。

ター。

オーブンレンジでパンが焼けるので、それで十分と思ったのです。

でも朝、パンを焼いているときはレンジが使えない。焼いた後は庫内が熱く、さらにしばらく使えない。

何より、焼き上がりはやはりトースターのほうが断然美味しい。

処分したトースターは、色もこだわらず安価だったたし、何年も使ったもの。捨てたことは後悔しませんでしたが、自分の暮らしに必要なもの、不要なものがわかりました。

クローゼットにあるのはどれもずっと着たい服

ひとり暮らしのスタートは、ものが少なく限られた服だけでしたが、洋服が好きだったし、営業職をしていたため、服はたぶん人よりたくさん持っていたと思います。

今の部屋は小さかったから広く見せたくて、最初から背の高い家具は置きたくないと思い、洋服箪笥やハンガーバーを置くのはやめました。

すべてクローゼットに収まるようにしようと、「1枚買ったら1枚捨てる」と決め、しばらくは続けていました。でも徐々に、新しく買っても代わりに処分するのが難しくなり、ギュウギュウに使っていました。

退職して、制服のあるパート仕事になったため、服の数も必要なくなりました。営業時代のスーツやジャケットは処分。さらにその後、ものの整理を始めてからは、通勤着を季節ごとに制服化し、少ない枚数で着まわすように。

昨年の夏、職場で制服に着替えるのだから、通勤も休日も服を区

別する必要がないとやっと気づきました。仕事へ行く服という括りの制服化をやめたことで、よりいっそう服の数を減らせました。

若い頃は、おしゃれや買い物が大好き。周りから、着ている服を褒められることが嬉しく、自分のためだけでなく人に見てもらうためのおしゃれもしてきました。

でも、歳とともに欲しいものも少なくなり、若い頃と違って何を着ても似合うわけではなく、思い通りの自分になれるわけでもありません。

とはいえ、何を着ていてもいいや、

クローゼット

トップスはすべて、クローゼットでハンガーに掛けるようにしています。シーズンオフの服はチェストの引き出しに。

パンツ類は折り畳んで、取り出しやすいチェストの下段に重ねて収納しています。

なんていう気持ちにはなりたくない。自分のために、自分が心地よくなるために、おしゃれ心はずっと持っていたいと思っています。

今クローゼットにある服はどれも大好きで、この先もずっと着続けたいものばかり。夏物のスカート、冬物のスカート、ニット、コート、持っている服は把握するようにしています。

捨てるか迷ったらスーツケースに一時保留

高かったからもったいない、また着るかもなど、捨てるか残すか迷う服もたくさんあります。

そのときは、その場で処分しないで、一時保留と考えてスーツケースに入れておきます。1年に2、3回開けてみると、持っていたことを忘れている服ばかり。そのときに処分します。そこでまだ迷っている服は、そのままケースに戻します。この中が空になったことはありませんが、古い服は徐々に減っています。

手持ちの洋服

冬物

- トップス
  - セーター類……5枚
  - ニットチュニック……4枚
- スカート……2枚

夏物

- 羽織物（初夏）……3枚
- トップス
  - 半袖ブラウス・Tシャツ……6枚
  - 半袖チュニック……4枚
- スカート・ガウチョ……4枚
- ワンピース……1枚
- パンツ類……3本

春秋物

- トップス
  - 長袖綿ニット……4枚
  - 長袖チュニック……2枚
- ワンピース……1枚
- スカート……3枚

パンツ類（夏以外年間通して）

- ジーンズ……1本
- その他……4本

コート他

- 冬物コート……5着
- 春秋物コート・コーディガン・ジャケット……4着
- 喪服・喪服用コート……各1着

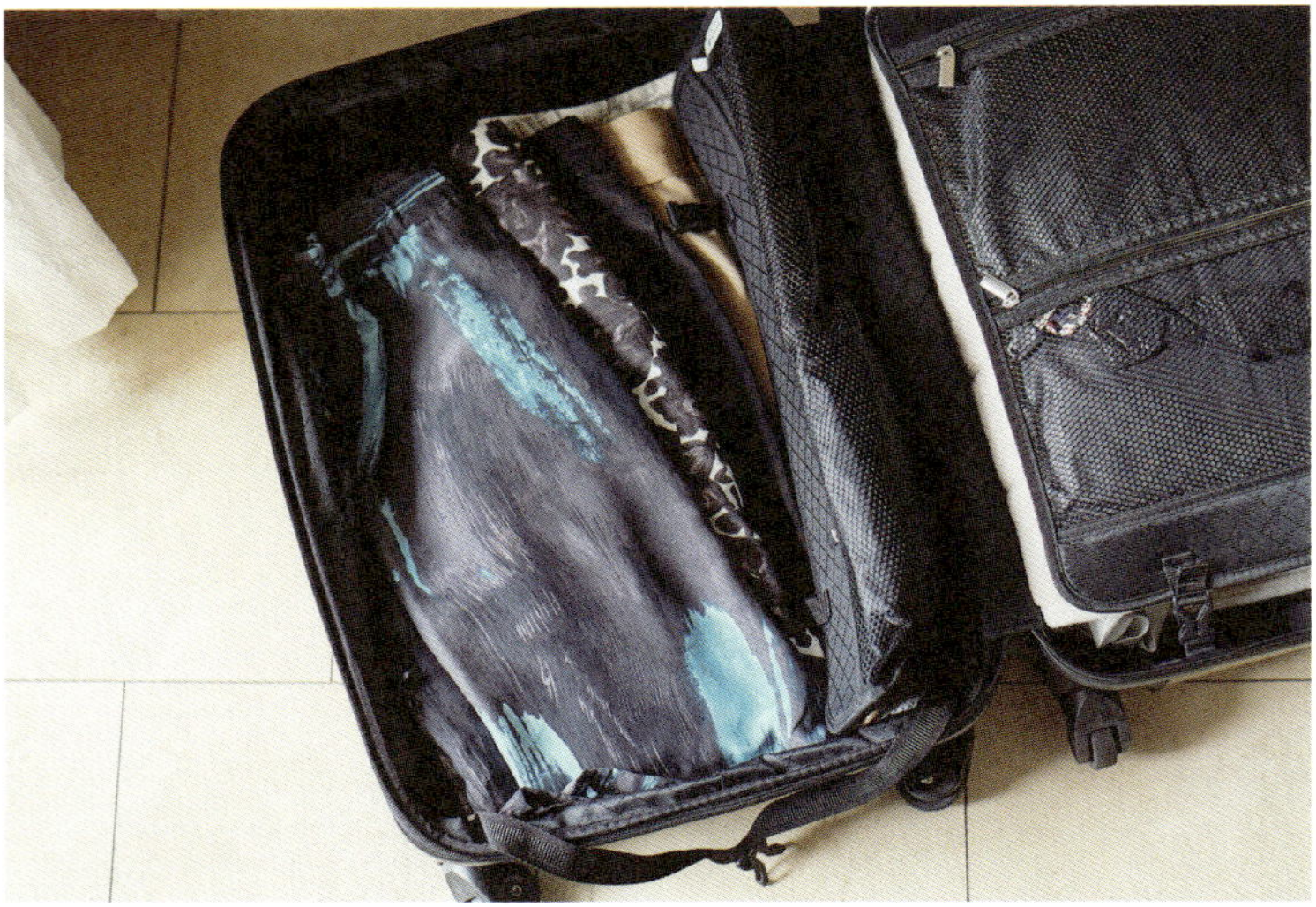

捨てるか残すか迷う服は、スーツケースに一時保管。定期的に見直しますが、なかなか捨てる決心がつかない、思い入れのある服も。

大きな処分は終わったと思いますが、それでもまだ不要なものがあり、今は一日一捨をしています。

服に限らず、普段目につかない引き出しの中やキッチン収納の中、玄関収納の中、使っていない古いもの、小さなもの……。

探してみると、処分しきれていないものが意外とたくさんあり、ゲームのように楽しんでいます。

毎日できなくても、いつも意識していると、引き出しの中もどんどんスッキリしてきます。

処分した服

通勤用の膝上丈の冬スカート。制服に着替えるので不要と思い処分。

洗濯できないシルク素材が夏には不向きで、2回着ただけで処分。

営業職時代のお気に入り。また着るかもと思いつつ6年一度も着ず、処分。

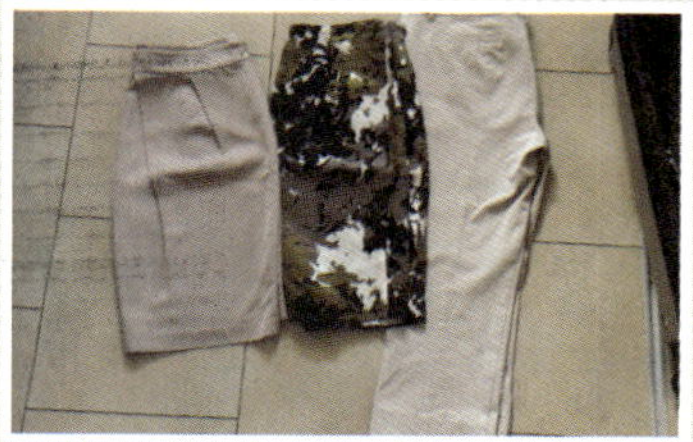

5年ほど履いた春夏スカートは、サイズアウトともう着ないひざ丈で処分。

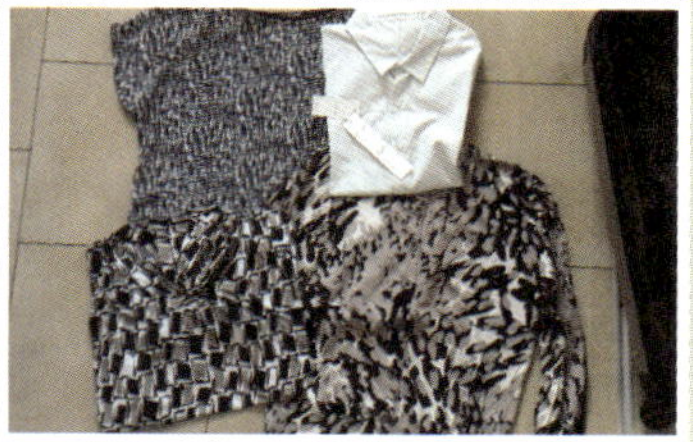

5年以上着ていたトップスたち。あまりにヨレヨレだったので処分。

トレンチコートが好きだが、歳とともに違和感を感じるようになり処分。

お金はかけられないけど良い服が欲しい。だからヤフオク

10代の頃からおしゃれが好きで、40歳になる頃までは服もバッグも思い出せないくらい買ってきました。

今まで買った服をすべてとっておいたら、部屋の中で埋もれてしまうくらいです。ひとり暮らしが始まり節約する中で、少ない枚数でも、本当に気に入った素材の良い服をいつも着ているのが素敵だな、と思い始めました。

でも、そんな服は驚くほど高く、だけど着たいという気持ちから、もう15年近く、欲しい服があればまずヤフオクで探しています。

若かった頃の私のように、流行に乗り、毎年服を買い替えているようなOLさんが、2、3回袖を通しただけの服が、2割3割の価格で買える。こんな嬉しいことを利用しない手はありません。

この歳になれば、自分に似合う服、好きな服もわかってきます。流行もそれほど追う必要はありません。若い人が、何年か前の着なくなった服をヤフオクに出品してくれるのはありがたく、おたがい

の利益になって、これもエコだと思っています。

とくに営業職だった頃は、そこそこおしゃれで質の良い服を着ることでモチベーションも上がるので、なくてはならない存在でした。仕事に追われ忙しく、楽しみもあまりなかった当時、ヤフオクでの買い物はストレス発散になり、趣味でもありました。

誰が着たのかわからない服は着られない、という人もいますが、それは割り切って、ストアではなく個人の出品から、新品やそれに近い状態のものだけ探します。過去の履歴や出品物から、どんな趣味の人物かもわかり、安心して落札することができます。

服を選ぶときは、色やデザインはもちろん、素材を重視しています。それから、縫製や着心地。たまに好きなショップの品を店頭でチェックして、実物を見ておくこともしています。

プチプラの服は若い人のように、おしゃれに着こなすことができないもの。やはり、長く着ることを想定してつくられた、質の良い

ヤフオク購入の夏服

夏服はコットンやリネンが多いですが、すぐ乾くサラサラしたポリエステルも着ます。スリムパンツに合わせるチュニックはほとんどヤフオク。昨年から履き始めたロングスカートも、ヤフオクやメルカリで探します。

ヤフオク購入の冬服

冬服は素材重視。とくにコートは長く着たいので、妥協せず素材が良く形のきれいなものを探します。ウールにカシミアやアルパカがブレンドされた素材が好き。セーターも同様。高価なのでヤフオクで探します。

セレクトショップの服が好きです。

店頭ではとても買えない値段でも、ヤフオクならファストファッションの価格で買うことができる。良いものを安く買えたという満足感もあります。

夏はシワになりにくいポリエステルも着ますが、やはり麻やコットン、冬はウールやアルパカ、カシミア等の天然素材が好きです。そして、洗濯は水を通して着たいので、カシミヤや麻の服でも、コート以外はドライクリーニングに出しません。水を通して多少風合いが落ちたとしても、気持ちよく着られます。

洗濯表示に逆らって失敗したこともありますが、買うときは家で洗えるかどうか、確認してから買うようにしています。

素材や縫製の良い服は長く着られますが、ニットなどは毛玉ができやすいので、電動毛玉取りは必需品。腕の裏側や腰回りなどは、擦れて毛玉のできやすいところ。毛玉をとるだけでニットがよみが

何年も愛用している、テスコムの毛玉クリーナー。コンセントにつなぐタイプで、パワーが一定なので使いやすい。

えります。

ヤフオクで購入しないのはパンツ類。パンツは、サイズの表記だけではわからないので、必ず試着して買います。

パンツはジーンズや、チュニックに合わせる細身のものばかりなので、プチプラでも良く、ザラやユニクロ、しまむらなどで買っています。

ヤフオクの利用は、服だけではありません。家具の多くも、市価よりずっと安くヤフオクで落札したものです。

バッグもヤフオクで新品同然を手に入れる

バッグ好きは歳をとっても変わらず、それでもだいぶ減らし、今は使うバッグだけを持っています。

欲しいバッグは高く、気に入るものを探すのにお店を何軒もまわるのも疲れてしまう。そして、新しく買いました、と一目でわかる真新しいバッグを持つのも、気恥ずかしい……。

ヤフオクやメルカリで、少し使っただけの、痛みのないバッグを探します。バッグ好きだから、わがままなこだわりも多い。キーワードを入れれば、たくさんの商品が一度に見られるのも便利です。


以前はブランドバッグが好きでしたが、今はブランドよりもレザーの質感や軽さ、収納や使いやすさを重視して選んでいます。

好きなレザーは山羊革やバッファローレザー。軽くて丈夫です。

手持ちのレザーバッグは3つ。休日用のナイロンバッグは4つあり、用途に合わせ7つのバッグを使い分けています。

ヤフオクやメルカリで買っていても、新品やほとんど使われてい

通勤用のゲンテンのバッグ。店頭では5万円近くするのが、メルカリで新品同様で1万5000円。山羊革で軽い。

通勤用、休日外出用、自転車用、近所に買い物用といったように、用途別に7つ。

ないものばかりなので、もう何年も愛用しています。

服もバッグも、これまで失敗したことは数多くあります。それも勉強になって、今は画像や商品説明、評価などをしっかり見て、慎重に選べるようになりました。

毎日の生活に必要なものを、何もかも揃っているヤフオクにお世話になってきた私ですが、やはり自分が最初に使う「新品」にこだわるものも多くあります。

使えるお金とのバランスを考えながら、これからも利用していこうと思っています。

STYLE 6

同じタイプの靴を4足持っている理由

服やバッグはヤフオク、メルカリで買いますが、靴だけは必ず実店舗で買います。ネットで購入することはありません。同じサイズでも木型が違い、スニーカーでさえ、ゆるかったり、きつかったり、履き心地が違うものです。必ず店頭で試着してから買うようにしています。

服やバッグは中古で平気でも、靴は誰かが履いた後というのはダメなのです。

私の足の形は少し変形しており、合う靴を探すのに昔から苦労していました。気に入る靴を見つけたら、同じものや色違いを買うことが多いです。

ここ数年は、フラットなパンプスすら履かなくなり、スニーカー仕立ての軽い革靴がメインになりました。

95ページ上の写真、右側に2足並んでいるネイビーのレザーシューズも、軽くて履きやすかったので、後から同じものを買いました。

古いほうは汚れてもいいので、散歩用にしています。

左側のワグのメダリオンデザインの黒い靴も、一昨年デパートのバーゲンで半額以下で買ったもの。これも履きやすく気に入ったので、昨年ネットのバーゲンで色違いの白を買い足しました。2足合わせても1足以下の価格で手に入れられました。


ただ、カジュアルな靴ばかりでは不安なので、ローヒールのパンプスも2足あります。それが下の写真。

1足は、フラットで歩きやすかったので、営業時代によく履いていました。デザインも気に入っているので、手放せません。

もう1足は、もう10年以上前に気に入って、2足買ったもの。1足は履きつぶしてしまいましたが、残ったほうはもったいなくて履かないうちに、スニーカーを履くようになってしまいました。でも、きちんとした靴も持っていると安心です。

仏用のパンプスはかなり昔のもの。一足きちんとしたものを買い

スニーカーのように歩きやすい、レザーの靴。右の２足はまったく同じもの。左の２足はほぼ同じ型の色違い。

左と右の靴は営業時代によく履いていたもの。真ん中の靴はレトロなボタンと細身のデザインが好きで、二代目。

たいと思っていますが、2年に一度程度しか履かないので、ついつい忘れがちに。

早めに買わなくてはと思っています。欲しいものリストに書いておけばいいのかもしれません。


若い頃からロングブーツが好きで、毎年のように買っていました。最近は、パンツや長めのスカートを履くようになったので、ロングブーツの出番もほとんどなくなりました。少しずつ数を減らし、今残してあるのは1足だけです。

他には、レインブーツが1足。いわゆる、昔ながらのダボッとした長靴には抵抗がありましたが、今はサイドゴアブーツのようにおしゃれで機能的なデザインも多く、しかも安い。冬はブーツ代わりに、雨が降りそうな日にも履いています。

玄関には靴を出しておかず、サンダル代わりのフラットシューズ以外は必ずしまうように。長年のお気に入りの玄関マットがお出迎え。

インナーや小物類は
プチプラで定期的に買い替え

肌着やタイツ等は、定期的にまとめ買いをしています。5年ほど前の夏に、ユニクロのブラトップを買い、着心地がとても良くて冬もそのまま。それ以後、ずっと着続けています。

ショーツは無印良品を愛用。タイツは、セシールのロングセラー定番タイツが質感も良く、価格も安いので、何十年と愛用しています。節約で、しまむらやダイソーのタイツも試しましたが、やはり質が違う。それ以後は浮気もせず、通販なので送料がからないように、黒とグレーをデニール違いでまとめ買いしています。

小物類では、ダイソーもよく利用しています。夏のUV手袋やサンバイザー、昨年はハイキングに行くために毛糸の手袋も買いました。使いきり感覚のものには、百均は最適です。

手帳や金銭出納帳等も百均で。今は書き込む予定もあまりないので、セリアの小さく薄い手帳が、大きさも書きやすさも気に入っています。

インナー類は主にユニクロ。ブラトップはとても着心地が良く、何度もリピートしています。

ハイキング用に、百均で購入した毛糸の手袋。しっかり防寒できました。

営業職の頃は厚い手帳にびっしり予定を書き込んでいましたが、今は薄いもので十分。

「箸方化粧品」を愛用しています

歳をとるごとに、肌の悩みもどんどん増えるのは仕方ないとあきらめています。シミ、シワ、たるみ、くすみ……。

新陳代謝が鈍ってくるので、どうしようもないこと。化粧品でできるエイジングケアには限りがあります。高い美容液を試しに買っても、それをずっと使い続けられる人は少ないと思います。


化粧品メーカーで営業職をしており、肌の勉強をしたので、多少の知識はあります。一番大切なのは、肌を乾燥させないことです。

紫外線に気をつけ、シミができるのを防ぐことも大事ですが、それ以上に肌の乾燥が起きます。乾燥はシワやたるみ、くすみの原因になります。

研修でよく話した例え話ですが、生の魚と干物の魚、どちらが早く焼けるかということと同じです。肌が潤っていれば紫外線の害も少なくすみ、乾燥した肌では紫外線の吸収も大きくなります。

ジャケットのポケットに必ず油取り紙を入れていたのは、いつま

わが家はいわゆるデザイナーズマンションで、
洗面所もおしゃれにつくられています。

でだったろうと思うほど、今はまったく脂質の出ない肌になってしまいました。ないものは補うしかありません。

箸方《はしかた》化粧品を知ったのは、もう6年ほど前の大丸の催事です。山のように積まれた化粧品を前に、大勢のお客さんがカゴにどんどん商品を入れていく。

のぞいてみると、なんて安い。デパートで売る値段ではないのでは、と思いながら、なくなりかけていたクレンジングと化粧水を試しに買ってみました。

容器に凝ったり、宣伝広告もしていないので、ドラッグストアのプチプラコスメより低価格。それでいて、成分も使用感も満足できる。以来、ずっと愛用しています。

ネット通販だけなので、送料が無料になる8000円以上を、4、5ヵ月に一度まとめて注文しています。

使っているのは、クレンジング、固形石鹸、美白化粧水、乳液、

化粧水や乳液は、使い勝手の良いポンプの容器に詰め替え、ビューローに置いています。

右は持ち歩き用の化粧ポーチ。左は家置き用の化粧ポーチ。家でもポーチにまとめることで使いやすく。

美容クリーム、リップクリームです。いずれ、美容液やアイクリームも使いたいとは思っていますが、今は基礎だけで肌を乾燥させないことを心がけています。

顔に使うスキンケア以外は、ダイソーのボディークリームやハンドクリーム、ニベア等も愛用し、手頃なものを惜しみなくたっぷり使うようにしています。

STYLE 9

お気に入りの食器だけで食事をする贅沢

食器類の整理のきっかけは、アラビアの食器を集め出したこと。

3年前に次男と鎌倉散歩に行ったとき、材木座にあるカフェで出されたコーヒーカップに一目惚れ。当時はアラビアの食器を知らず、ただ「かわいい!」「超好み!」とカップの写真を撮ったのを息子が憶えていて、次の誕生日にプレゼントしてくれました。

それまで北欧食器をあまり知らず、どちらかというと和食器や、洋食器でもウェッジウッド等を集めていました。このカップをきっかけに、アラビアのプレートやボウル、普段使う食器を少しずつ集め始めました。それまでも、ひとり暮らしの割に食器が多いと思っていたので、以前の食器は思いきって大部分を処分しました。

息子が食事をしに来るため、同じお皿を2、3枚買っていました。最近は来ることも減り、欲しいものは自分のために1枚だけ買うようになりました。

簡単で質素な食事でも、気に入った食器だと美味しく豊かな気持ちでいただけます。

アラビアは北欧フィンランドの食器ブランド。
シンプルなデザインで、和洋中問わずどんな料理にも合います。

アラビアやダンスクの食器がほとんどですが、中央左のご飯茶碗は、ずっと欲しくて沖縄旅行で手に入れた、やちむん。その手前の湯飲み茶碗は、北欧雑貨店のフライングタイガーのもの。

キッチン背面の食器棚には、息子たちのマグカップや茶器を入れています。

普段使い以外の食器は、キッチンシンク下の引き出し下段に収納しています。

手持ちの食器

- 小皿（パン皿程度）……4枚
- 中皿……5枚
- 大皿……4枚
- 深皿（スープ、シチュー、丼物）……6枚
- 丼……2個
- コーヒーカップ類……3客＋3客（客用）
- 小鉢……3個
- 小鉢（小さめ）……4個
- 雑煮碗……3個
- 湯呑み茶碗……1個＋3個（客用）
- ご飯茶碗……1個＋1個（客用）
- 汁椀……1個＋1個（客用）
- グラス……1個＋2個（客用）
- 小皿（醤油皿）……3枚
- その他息子専用に、ご飯茶碗、汁椀、コーヒーカップ、湯飲み、グラス……各2個

ひとり暮らしだからこそ防災グッズを揃えて安心

ひとり暮らしだから、自宅で地震などにあっても、誰にも頼れません。防災の準備は大切なことです。徹底的にはできていませんが、最低限必要なものは揃えています。

マンションなので、倒壊の危険で外に避難するより、ライフラインが止まり自宅で生活する方が、可能性としては高いと思います。クローゼットの中に、避難用のリュックをすぐ取り出せるように置き、自宅で生活するための水や食料品、カセットコンロやろうそく、簡易トイレなどは、キッチンの収納棚に準備してあります。

飲料水以外の生活用水は、10Lのポリタンクに水を溜めて洗面所に置いていますが、これでは不十分だと思うので、もうひとつ増やすことも検討中。

飲料水や食料品は、9月1日や3月11日にチェックすると決めれば、賞味期限切れも防げるようです。

何も起きなければ、それに越したことはありませんが、少しでも準備していると安心です。

避難リュックは商店街のバッグ屋さんで、一番安くて大きなものを。ひととおり揃えていますが、避難所生活を想定しており、食料品が入っていないのが準備不足…。

就寝中に地震が起きたときのために、枕元のナイトテーブルに、古くなったスニーカーと小さな懐中電灯を置いています。

4章 キッチンまわりも小さく

オープンなキッチンをきれいに見せるために

部屋の仕切りを取り払い、ワンルームにしているため、ベッドに寝ているとキッチンがちょうど目の位置にあり、丸見え。シンクやガス台周りには、なるべくものを置かず収納するようにしています。常に出ているのは、水切りラックにコップと包丁、洗剤のディスペンサー、スプーン立てのコップだけに。

正面のゴミ箱スペースは、長年の油汚れと、フタのないゴミ箱から出た黒い汚れで、見るも無残でした。数年前、ダイソーのレンガ柄リメイクシートを貼り、プチリフォームしました。

きれいになってよかったのですが、正面カウンター上の汚れが逆に目立ってしまい、気になる……。

数ヵ月後、この部分と、キッチン家電を置いているカウンター後ろの壁にも同じシートを貼り、さらに天井近くの梁部分にも貼ったので、全体が明るくなりました。

リメイクシートは裏がシールになっており、曲がっても貼り直せ

るので、思ったより簡単にできました。30㎝×80㎝のシートを22枚使い、安く仕上げました。

調理スペースが狭いので、水切りカゴは置きません。かわりにシンクが広いため、ステンレスのフラットな水切りラックをベルメゾンで買い、入居してからずっと使っています。

奥行きが50㎝あり、1～2人分の食器なら、洗った後十分に置けるので、年代物ですが買い替える気持ちはありません。

食器洗い洗剤とスポンジが一緒に収納できるディスペンサーは、デザインも機能もとても気に入っているものです。

以前、次男の部屋で見つけ、思わず真似してしまいました。洗剤と水を一緒に入れ、泡で出てくるタイプです。スポンジを入れられるので、シンク内側に取りつけていたスポンジラックを処分できました。シンクがスッキリし、掃除もラクになりました。

オープンタイプのキッチンで、シンクも丸見えなので、洗った食器はすぐに片づけるようにしています。包丁は、以前の職場で左利きの同僚が、間違えて買ってしまったと言って、くれたもの。

スポンジはセリアで3個パックのもの。カラフルなスポンジは使わないようにしています。

コンロの後ろ側。オーブントースターが乗っているのは、コの字ラックに板を乗せた、自作の棚。空間を有効活用できました。

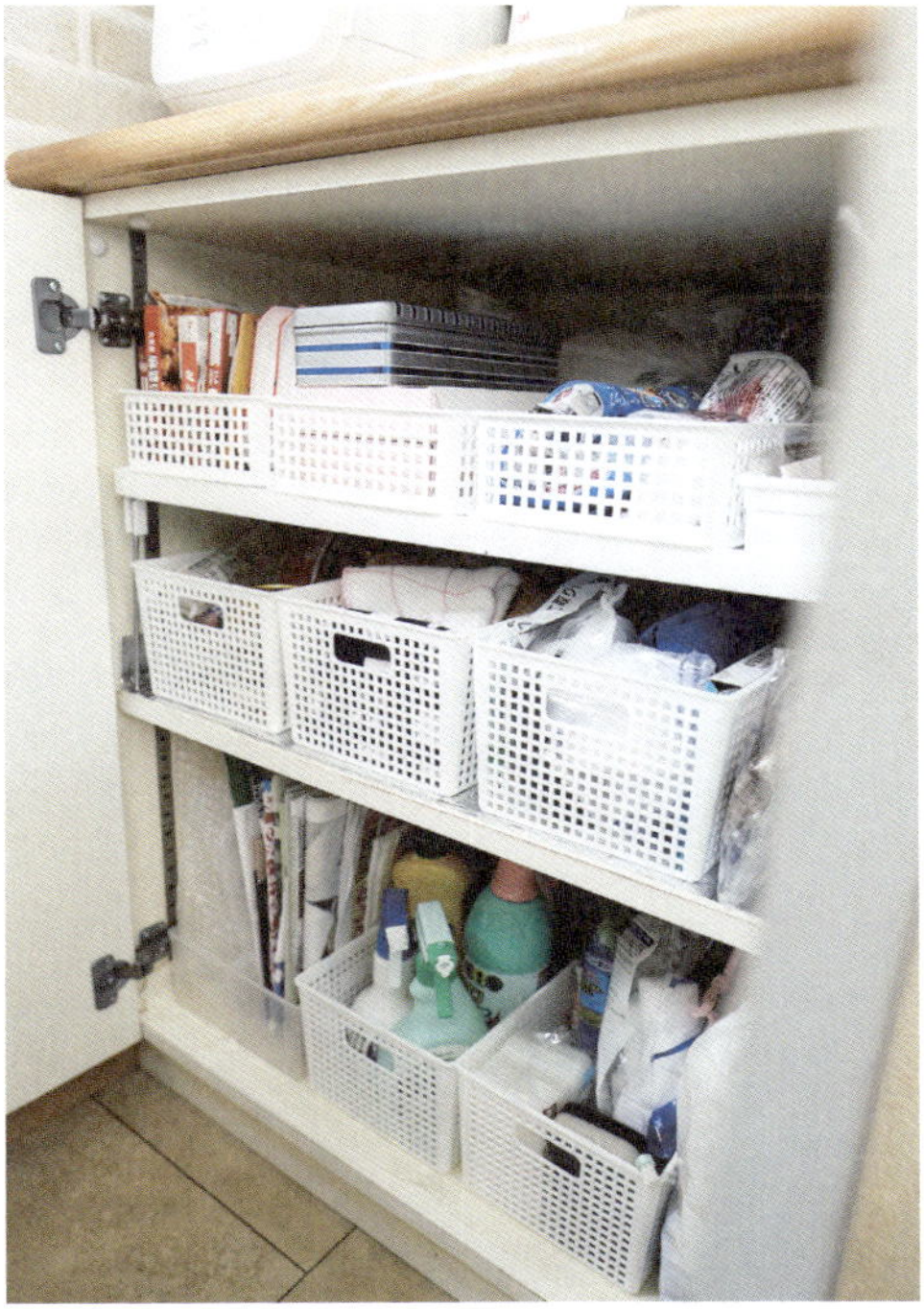

つくりつけの収納には、布巾や洗剤などの掃除道具、缶詰等のストック類を入れています。

百均で買ったカゴを引き出し代わりに。細かく分けることで、収納を奥まで使い、取り出しやすくしています。

STYLE 2

調理器具や食器はすべて収納、外に何も出さない

フライパンやお鍋、キッチンツールも数を減らしました。シンクやガス台下の引き出しに収納しています。

パスタやうどんを茹でたり、数人分の豚汁やシチューをつくるときのために、20cm両手鍋があります。左の写真のように、持っている鍋類は全部で5つだけですが、これで十分足りています。

しかも、普段ひとり分の調理には、18cmの雪平鍋と14cmのミルクパンですむことが多いです。

お玉や菜箸、スパチュラ、トング等のツールは陶器のボトルに入れて、ボウルやザルは重ねて、バットやおろし金等は空いたスペースに場所を決めて収納しています。

食器が好きだったので、若い頃からたくさん集めていましたが、好みが変わったり、ひとり暮らしなのに多すぎるのでは、と整理してから、今は気に入った、使うものだけを残しています。

持っている鍋、フライパンは5つ。ひとり暮らしには十分です。

シンク下の上段は、腰をかがめることなく、開け閉めが一番しやすいところ。息子たちが頻繁に来ていた頃は、ここにご飯茶碗や汁椀、小さめのお皿を収納していました。

最近はひとりの食事がほとんどなので、一度で食器をすべて取り出せるように、自分が使う食器だけ上段にまとめてみました。

さらに、調理中にすぐ取り出せるように、調味料やキッチンバサミ等のツールもここにまとめて。

毎日の支度は上の引き出しを開けるだけですみ、ラクチン。面倒くさがりの私には良いアイデアです。

シンク下引き出しの上段には、自分の分の食器
を入れて。出し入れがラクな位置です。

引き出しの下段。ストックの食器以外に、取り
出しにくい奥にはあまり使わないものを。

百均の書類ケースに26㎝の中華鍋、軽さで選んだニトリの18㎝雪平鍋を立てて収納。奥はコの字ラックを置いて高さを出し、14㎝ミルクパンとデザインが好きなホーローの16㎝片手鍋を置いて。

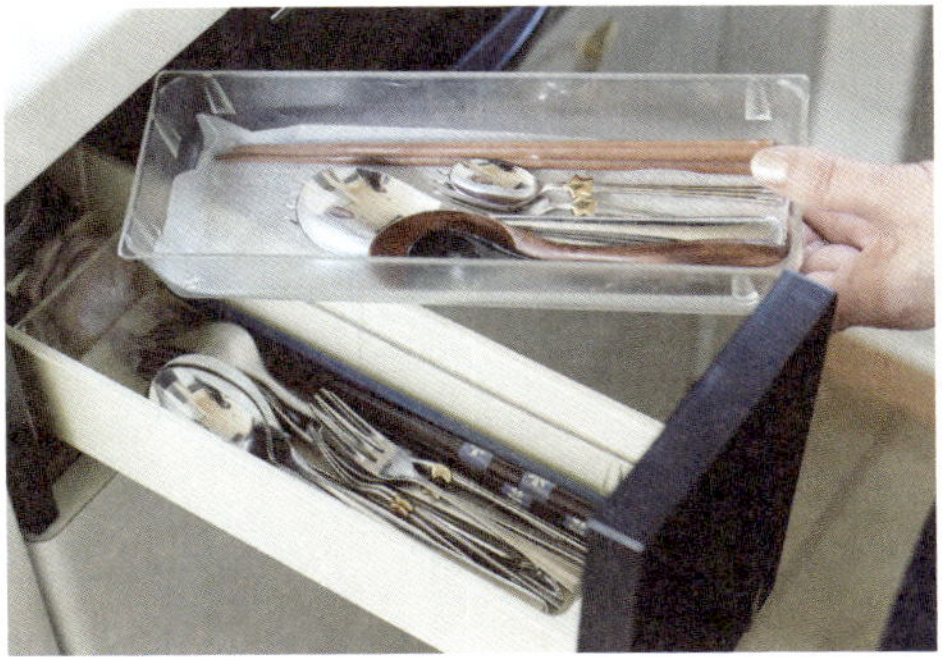

カトラリーは、ケースに自分の分を入れ、その下にストックを入れる方式に。取り出しやすい。

調味料は百均で小さいサイズを買う

醤油、料理酒、キャノーラ油、めんつゆ、ごま油、味ぽん、マヨネーズ……。調味料はほとんどダイソーで揃えています。

初めは百均の食品に抵抗があったのですが、使っていたメーカーの製品がそのまま小さいサイズになっていたので、使い始めました。

ひとり暮らしでは、大きなボトルはなかなか減らず、賞味期限を過ぎてしまうことが多々ありました。また、収納の場所もとります。

小さなボトルは、コスパは悪くても使い切れるので、賞味期限を気にすることなく、いつも新鮮な状態で使うことができます。


小さくて場所をとらず、高さのない引き出しにも収まります。使いやすいシンク下の上段に調味料を入れられるのも、このサイズだからこそ。

軽いので、扱いもラク。買ってくるときも荷物になりません。

ケチャップもお酢も、食事中手元にあって邪魔にならないサイズ。

最近は醤油も醤油差しをやめ、ボトルのまま食卓に出しています。

このサイズはスーパーでは売っておらず、百均にあって助かっています。百均には単身者の暮らしにマッチしたものがたくさんあります。

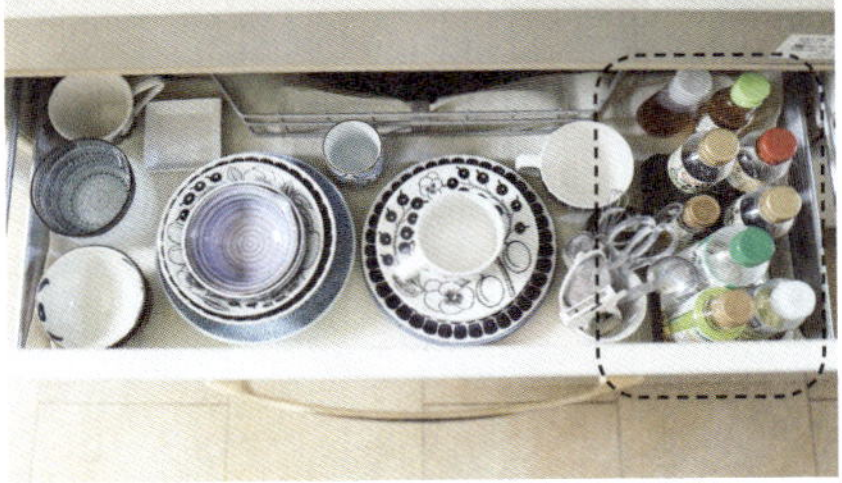

調味料はシンク下引き出し上段に、お菓子の箱にまとめて。調理中さっと取り出せる位置。

普段の食事はごく質素、昼は弁当持参です

毎月の食費予算は2万円と決めているので、好きな食材ばかりを買うことはできません。

月初に食費用お財布に2万円を入れ、残金を見ながらスーパーやコンビニで食材を買っています。しかも、お菓子が好きなので、家に切らすことがない。たぶん予算の4分の1はお菓子代に消えているはずですが、毎月予算内に収めています。

普段の食事はごくごく質素です。結婚してから子どもたちが自立するまでの20年、さんざん料理をしたので、今は手抜き料理で。ひとり分の食事のために食材を買うと、ムダが出ることが多いし、なにより仕事から帰って自分だけのために料理は面倒……。これも十分美味しいレトルトのカレーや、コンビニのお惣菜もよく利用しています。

それでも、息子が遊びに来る日は喜ぶ顔が見たいので、子どもの頃好きだったものをつくるようにしています。簡単なものもあれば、

普段の夕食

夏はサラダうどんをよくつくります。ナスの炒め煮は麺つゆで簡単に。

たまには贅沢。大好きな鰹のタタキ。

鍋が食べたくなったら、ひとり用の小さな土鍋で。3日間続きます。

ナスとピーマンの味噌マヨ炒めは定番。

ハンバーグは手軽で美味しいセブンのレトルトが好きです。

友人がくれたガパオライスの素を使ってみました。

ちょっと手の込んだものも。

意外ですが、息子たちは私がつくっていた料理を20年、30年たってもよく覚えているのです。美味しかったな～と懐かしそうに言われるとその気になり、次に来たときにつくるのも楽しみです。


朝はコーヒーとトースト、バナナ、ヨーグルト等、毎日同じ。

昼食は、何年も職場で取っているお弁当を頼んでいましたが、昨年から節約を兼ねて、お弁当を持っていくようになりました。

その食材も含むから、以前よりさらに質素な食事になったのかもしれません。

お弁当のおかずはほぼ、昨夜の残り物や冷凍食品を利用しています。白米だけでなく、レトルトのお赤飯や冷凍の炊き込みご飯なども。手軽で、自分でつくるより美味しいこともあります。

職場で取っているお弁当は量が多く、よく残していたのですが、自分でつくるお弁当なら量が調節できるのも、いいところです。

息子が来たときの食事

肉と夏野菜をたくさん使い、調味料もあれこれ使った無国籍の炒め物。

長男の誕生日によくつくるのは、好物のピーマンの肉詰め。

ひとりでは何日も続いてしまうおでんも、長男が来る日につくります。

煮込み料理も息子が来たときに。

よく出すのが、麻婆豆腐と棒棒鶏の組み合わせ。ひとりではつくりません。

買い置きのレトルトハヤシソースを使ったオムハヤシ。なかはバターライス。

お弁当でご飯を食べるので、夕食はオープンサンドやパスタ、ラーメン等の麺類をよく食べます。

手抜きの食事で野菜不足になりがちですが、ブロッコリーやナス、ピーマン、小松菜は、夕食にもお弁当のおかずにもよく食べています。生野菜のサラダは体を冷やしそうで、トマト以外はほとんど食べません。

健康でいるために、バランスの良い食生活は必要でしょう。でも、あまり細かい栄養価を考えるより、好きなものを美味しくいただくほうが、きちんと身になるのではと思っています。

お弁当

おかずが少ない日は、生ふりかけで混ぜご飯。

冷食のミニカツを使ったカツ丼。お弁当はバッグに収まりやすい横長。

お赤飯が好きなので、パックを常備しています。前夜の煮物と冷食唐揚げ。

パック入りの五目御飯。野菜炒めとチャーシューは前夜のラーメンの残り。

夕食の焼きそばは必ず２食分つくり、半分を翌日のお弁当に。

これもパックの鶏ゴボウご飯と冷食のコーンコロッケ。

STYLE 5

休日は友人や息子たちと外食を楽しんで

平日はつくるのが面倒だったり、節約を考えて簡単で質素な食事をとっていますが、休日は別。友人や息子と出かけるときは美味しいお店を探し、もちろん手頃なランチですが、あまり金額を気にしないで食べたいものを食べています。

先の毎月の食費予算には、仕事帰りのひとりの外食代は含みますが、友人や息子との外食は趣味娯楽と思っているので、食費以外の生活費予算4万円から出しています。

食べ歩きというほどではないけれど、これも趣味だと思って、ネットの情報やテレビの散歩番組で見つけたお店を訪ねるのも、楽しみのひとつ。

食べることは自然の欲求。節約するだけでなく、たまには美味しくて頬がゆるんでしまうような食事をすることは、お腹だけではなく気持ちも豊かにし、笑顔になれます。この先もっと歳をとって、節約するようになっても、続けていきたいことです。

週末外食

浅草隅田川縁のカフェ・ムルソー。冬限定のリンゴのチーズタルト。

自転車散歩で見つけた、小さなカフェのカフェご飯。ていねいな手づくり。

横浜山手にあるエリスマン邸の、自分でつくる生プリン。

実家の新年会。各自持ち寄りの会費制、食器も使い捨てで気楽に。

毎月８日、築地玉寿司手巻き全品100円の日は、仕事帰りに同僚たちと。

浅草のフレンチ風ロシア料理店ボナフェスタ。一番人気のキャベツロール。

5章

お金のこと

STYLE 1

毎月12万円でやりくりしています

6年前に正社員で働いていた会社を退職し、その後はパートとして手取り10万円ほどになりました。

会社を辞めたのは、マンションのローンも完済し、気持ちがゆるんだのかもしれません。とはいっても、一戸建てと違いマンションは管理費、修繕積立金がかかるので、その負担は住んでいるかぎり続きます。

修繕積立金は、16年の間に大規模修繕もあったことで、何回か値上げがありました。今は管理費と合わせ、毎月約2万3000円の支払いです。その他、固定資産税が月にすると約7000円、合わせて毎月3万円がかかっています。

残り7万円で生活するのは結構きつかったのですが、1年前から会社が変わり、お給料も上がって手取り12万円ほどになりました。マンションにかかる3万円の他、水道光熱費、保険、通信費等を合わせて6万円を固定費にし、残り6万円を現金で食費、その他の出費に分けて管理しています。

5章

お金のこと

STYLE 2

家計簿はやめ、予算制でざっくり管理

24歳で結婚してから、家計簿を欠かさずつけてきました。家計簿はつけたことがない、始めてもすぐにつけなくなってしまう、という人も多いようです。私の場合、母の影響が大きく、子どもの頃から、夜になると母が財布からレシートを取り出し、大学ノートにその日の買い物を細かく書き、そろばんをはじくのを見ていました。

結婚したら掃除や洗濯、食事の支度をするように、家計簿を使うものだと思っていたのです。ちなみに、主婦である妹も同じように、何十年も家計簿をつけているようです。

89歳になる母は、今でも家計簿をつけているので、あっぱれというか尊敬してしまいます。

当時、主婦向け月刊誌の新年号には必ず付録に家計簿がついていて、毎年買っていました。毎晩レシートを見ながら、豚肉○○円、大根○○円、卵○○円、シャンプー○○円……と一品ずつ書き、毎

数年前の家計簿。残しておきたい記録をつけていました。友人にもらったダコタのペン。羽ペンのようなデザインのカバーが素敵。

月合計を出し、赤字を確認して……。

今にすれば、なんとヒマな、なんとムダなことをしていたのだろうと思うこともありますが、使ったお金を記録する習慣が身についたことは確かです。

ひとり暮らしになってからは、時間もなく、細かくつけることはなくなりましたが、身についた習慣で、洋服などを買ったときの記録は続けていました。

正社員の仕事を辞め、手取り10万円での生活が始まったときは途方にくれました。節約、やりくりのため再び家計簿をつけるように。

1年前からお給料が上がり、月12万円で生活するためのお金の使い方がわかってきたので、昨年の秋に家計簿はやめました。百均の金銭出納帳に、月ごとに憶えておきたい買い物はその都度書いていきます。たとえば、美容室、化粧品、服やバッグ、出かけたときの外食費、贈り物等です。

キャメル色の小さな財布はダイソーで購入。食費用の財布として、家に置いています。中央に仕切りがあり、お札と小銭を分けて。

生活費予算を分けて

固定費以外の現金予算6万円は、食費2万円、その他4万円を月初にそれぞれ別の財布に入れます。

食費は外食費は含まず、日々の食材やお菓子類。家計簿はつけず、財布も家に置き、財布の残金を見ながら1ヵ月過ごします。

持ち歩く財布には4万円を入れ、日用雑貨や外食、滅多にありませんが服やバッグの購入等に使います。

スーパーなどで食材を買ったときは、使った分を食費用の財布から移動しています。

クレジットカードは持ち歩きません。ただ、財布を忘れたといったときのため、パスケースのスイカにクレジット機能があります。ネットで買い物したときはクレジット決済ですが、その都度買った金額を財布から抜き、まとめて銀行口座に入金しています。クレジットカードで買い物しすぎるということもありません。

少ない予算では、食べるものの質は落ちたし、買い物はヤフオクがメイン。

でも、楽しむことにお金を使っていれば、少ないお金でも日々のメリハリがつき、悲観することもありません。決まった予算の中で生活する習慣もできたので、今は家計簿をつけるという観念がなくなりました。

自分が働いて得たお金だから、よく考え納得できる使い方をしたいと思っています。

水道光熱費

2017年

	電気	ガス	水道	灯油	合計
1月	4,785	4,071		2,000	10,856
2月	4,049	3,220	3,747	2,000	13,016
3月	4,126	3,127		1,000	8,253
4月	4,442	2,774	3,628		10,844
5月	4,017	2,144			6,161
6月	2,886	1,222	3,651		7,759
7月	4,204	1,225			5,429
8月	4,427	1,093	3,736		9,256
9月	3,022	1,231			4,253
10月	2,942	1,638	3,628		8,208
11月	3,441	1,768		1,000	6,209
12月	3,892	2,303	3,651	1,000	10,846
計	46,233	25,816	22,041	7,000	101,090
平均	3,853	2,151	1,837	583	8,424

2018年

	電気	ガス	水道	灯油	合計
1月	5,475	2,832		2,000	10,307
2月	4,346	2,430	3,675	2,000	12,451
3月	3,288	2,437		1,000	6,725
4月	2,827	1,642	3,628		8,097
5月	3,202	1,651			4,853
6月	3,038	1,382	3,628		8,048
7月	4,539	1,245			5,784
8月	5,129	969	3,628		9,726
9月	3,327	1,112			4,439
10月	3,059	1,258	3,628		7,945
11月	3,508	1,692		1,000	6,200
12月	3,894	2,570	3,651	2,000	12,115
計	45,632	21,220	21,838	8,000	96,690
平均	3,803	1,768	1,820	667	8,058

「予備費」を臨時出費にあてて

毎月の支出は手取り収入の中でやりくりしていますが、実際に使うお金はそれだけでは足りないのが事実。そのために、「予備費」としてお金を別にストックしています。

60歳から月額約5万円の企業年金基金が振り込まれています。これが合計約60万円。昨年廃業になった、5年間勤めた会社から、パートにもかかわらず10万円の退職金をいただきました。

一昨年歯のブリッジに使った、医療費還付金も出ました。

他に、母や叔母がたまに、嬉しいことにこんな歳になっても、お小遣いをくれます。これらを予備費としています。

その年によって金額の差は大きいのですが、昨年1年間に使った予備費は約40万5100円でした。

・交際費…10万9200円

甥や姪にお年玉。母や叔母、妹、友人、息子たちに誕生日プレゼ

今年は久しぶりに、自分への誕生日プレゼントを買いました。
ゴールドのピアスは数年前に片方なくし、金メッキを使っていましたが、やはりこの年齢には本物が必要と思って。

ント。母と叔母にお中元・お歳暮。これらは毎年決まった出費ですが、昨年は同僚に結婚祝いと、長男がひとり暮らしを始めたので引っ越し祝いを贈りました。

家族や親戚、友人たちとの付き合いは、なにより大切にしたいもの。気持ちだけでなく、相手が喜ぶことにはお金をかけてもいいいと思っています。

・被服費…バッグ1万5000円

普段は服やバッグ、靴等も4万円の生活費予算内で収めるようにしていますが、このバッグは定価が高いものだったので、メルカリの購入でも生活費では収まりませんでした。

・家財費…石油ストーブ1万3900円

石油ファンヒーターが故障したため、買い替えました。

ちょうど災害時用に、電気を使わないコンパクトな石油ストーブを買おうと探していたところだったので、良い機会でした。

・思いがけない出費①…トイレの水洗タンク修理5万1000円

蛇口から水が出なくなったため、汚れが原因かもとタンク内を掃除しようとしたら、触ってはいけない栓を外してしまったようです。水があふれ出し、廊下まで水浸しになりました。あわてて水道修理を呼び、部品交換をしてもらいました。

・思いがけない出費②…差し歯のブリッジ21万6000円

6年前につくったブリッジの差し歯。そのうち1本の歯が根元で割れてしまい、新たにつくり直す羽目に。歯が弱いので、ブリッジや差し歯が多く、こんなことは今後また起こりうる不安があります。

今年4月から週4日勤務に変え、手取りも減ってきました。足りない生活費はこの予備費から補てんしていくつもりです。

STYLE 4

安心して年金生活に入るための貯金

老後と言うと、病気の心配もありますが、一番気になるのはお金のことではないでしょうか。

離婚後13年勤めた会社では、営業職として20代、30代の男性社員に混ざり、夜遅くまで目いっぱい働きました。最後の5年ほどは、小さな会社でしたが、サラリーマンの平均年収程度の収入が得られました。

正社員になってからはボーナスが出たので、最初は母に助けられながら、息子たちの学費にあてました。卒業後はマンションの住宅ローンの繰り上げ返済をスタート。その後退職するまで、ローン完済と老後のための貯金を始めました。

目標があったし、ひとりになってからの節約習慣が身についていたので、収入の半分近くは貯金することができました。目標金額を達成した頃、会社を退職。その貯金があったから、安心してパート仕事に移れたという側面もあります。

5章

お金のこと

65歳から年金だけで生活できるか不安もあり、もっと歳をとったら何が起きるかわからない。精神的に安心して生活するための貯金なので、年金生活になるまでは使わないようにしています。

私たちの親世代は、お金の話をするのは品のないこと、という思い込みがあるようです。親が亡くなった後、通帳や印鑑、家の権利書、保険証書等、どこにあるかわからず、残された家族が右往左往することも珍しくないみたいです。私の母もそのひとりで、今は元気だけれど……。

2人の息子たちには、通帳や印鑑、保険証書や権利書等、大事なものの保管場所は今からすべて伝えてあります。

私は働くのが好きなのかもしれません。

仕事をして自分が認められ、対価としてお金を得る。高校生の頃から、欲しいものがあればアルバイトで買っていたし、次男が小学校に上がるのを待ってパートの仕事を始めたのも、自分のお金というものが欲しかったから。

自分が稼いだお金で買ったものはより大切に、美味しいものはより美味しく感じられるような気がします。

そういう性格だから、ひとり暮らしになって、何もかも自分の働きで生活しなくてはならなくなったときも、なんとかなるだろうという気持ちがありました。

そして今日まで、仕事を変えながらも、本当になんとかなっています。10代の頃から金銭的な自立心を持ち、それが支えになってきたのはありがたいことです。

6章 自分時間の楽しみ方

STYLE 1

土曜は外出、日曜は家でゆっくりが良いリズム

土曜日はほとんど、友人と会ったり、息子と出かけたり、実家へ行くというふうに予定を立てています。代わりに日曜日は、一歩も外へ出ず、しばらく寝間着のままソファでゴロゴロ。

簡単に部屋の片づけと掃除をした後、本を読んだり、録画して溜まったテレビを見て過ごすようにしています。

平日の勤務の疲れは、そんな日をとらないと抜けきらず、何もしない1日は必要です。月に二度ほど長男が遊びに来ますが、そんなときも寝間着のまま、化粧もしないで、あり合わせの昼食を一緒に食べながら、近況を聞き、テレビを見たり雑談して過ごします。

平日の夜はひとりなので、冷凍食品やサンドイッチ等、簡単な食事をつくり、ササッと済ますことが多いです。その後はブログを書いたり、テレビを見たり。ユーチューブで音楽を聴きつつ、ネットで欲しい洋服など検索しながら過ごしていると、あっという間に4時間ほどの時間が経ってしまいます。ひとりで寂しいという気持ちになることはありません。

ベッドをソファ代わりにして、本を読むことも多いです。自分の趣味で統一された部屋でくつろぐ時間は、至福の時。

2週間に1回、図書館から本を借りてきて

もともと本を読むのが好きで、図書館にはよく行っていたのですが、仕事に追われてすっかり読書から遠ざかっていました。

6年ほど前、正社員の仕事を辞めてから、次の仕事を探しながらヒマな時間をつぶすために、図書館通いが始まりました。

すらすら読めるミステリーや娯楽小説、エッセイが多いですが、カテゴリーを決めず、ピンときたものを借りてきます。

雑誌コーナーをゆっくり眺めたり、音楽CDも借りられ、好きな作家さんの作品も思うままに読めます。最新の話題作などはすぐには読めませんが、それはあまり興味がないので困りません。

よく読むのは、群ようこ、垣谷美雨、山口恵以子、平安寿子さんなど同年代の女流作家さんの作品。身近な題材を取り上げて、親近感を持ちながらも、考えさせられることも多い作家さんたちです。群さんの「れんげ荘」シリーズは、何度も読み返しています。

お金もかからず、ものも増えない、図書館は素晴らしいところです。再読したくなったらまた借りてきます。

何を読もうか迷ったときは、読書家ブロガーさんが読んだ本の読後感を参考に、借りることが多いです。太田愛さんもそのなかで知り、好きになりました。

STYLE 3

ブログも3年目。日々の励みになっています

ブログは、手書きの日記代わりに始めました。3年前の冬、デザインが気に入って9年間使った冷蔵庫が壊れたとき、買い替えた顛末を記録に残しておこうと思ったのがきっかけでした。

ちょうどものの整理を始めた頃で、服や靴、バッグ、食器等、使っていないものを処分して、スッキリした暮らしをめざしていました。

文字だけでなく、画像を残し記録することで、持ち物の変化がわかり、ムダ使いも減り、節約にもつながると思って。買ったものの記録や、プレゼントでいただいたものも、画像とともにアップするとわかりやすい。

覚えておきたい好きな服やバッグ、欲しかったものを買ったときのこと、そして同時に残しておきたい、大切な時間のことも書き留めています。

友人や息子たちと出かけ、美味しいものを食べ、おしゃべりをし、

きれいな風景を見て過ごす。楽しい時間は、記録することでアルバムのように思い出も深まり、さらに家計簿代わりにもなります。

幸いにも私は健康で、多少の悩みや思いわずらうこと、イヤなことがあっても日々働けている。節約はしていても、本当にお金に困ることはなく過ごしている。

ブログには、楽しかった幸せに感じたことだけを書くようにして、つらかったことや悲しい出来事は、なるべく早く忘れたいから書かないようにしています。

自身の記録としてつづっているブログですが、少しずつ読者が増え、温かいコメントをいただくと、楽しんで読んでもらっているのを感じて嬉しくなります。ネットの中で、たくさんの人とつながっているというのが励みにもなり、前向きな気持ちになれます。

STYLE 4

銭湯通いは冬の一番の娯楽

シャワールームだけで浴槽がない部屋に住んでいる次男から、普段は忙しいからシャワーだけで十分だけど、寒い時期の週末は銭湯に通っているという話を聞きました。

私が子どもだった昭和30年代当時、内風呂のある家は珍しく、銭湯は生活に欠かせませんでした。何十年ぶりかに行ってみたくなり、次男に連れて行ってもらったのをきっかけに、ハマってしまいました。

レストランやシアター付き娯楽施設の温泉ランドや、広々スーパー銭湯でもない、住宅街にある普通の銭湯。

ネットで近くの銭湯を検索し、ママチャリで行ける範囲の良さそうなところを、何ヵ所か順番に巡っています。

「時間ですよ」の懐かしい番台ではなく、今はカウンター式で入浴料も券売機になっていたり、脱衣所もコインを入れるロッカー。

一番驚いたのは、いくつもの浴槽があること。多いところは10種

ハイキング用にと買ったリュックに、銭湯用の持ち物セットを入れ、いつでもサッと行けるように用意。

類以上の特徴ある浴槽があります。とくに露天風呂は、都内下町なのに、温泉旅館の露天風呂にいるような錯覚を起こすほど。寒い冬は北風に顔をさらしながら、ビルの谷間の星空を眺め、体はポカポカ。ジェットバスやミルク風呂、檜風呂、電気風呂や炭酸風呂……。46度の高温風呂と初めての水風呂を交互に入ったり。ほとんどが天然温泉なのも魅力で、460円で楽しめる良い娯楽になっています。

そして、知らない人とも言葉を交わし、世間話をしたり。どこの銭湯へ行っても、顔馴染みらしいおばあさんたちが仲良く談笑しているのを見かけ、老後の楽しみが増えた気がします。

1時間以上滞在し、芯から暖まった体は、ママチャリをこいで帰宅するまで、真冬でも湯冷めすることがありません。

温泉旅行がしたいと思いながら、思い描くだけで実行力のない私にとって、今はこれで十分満足している娯楽のひとつです。

STYLE 5

自転車で遠出。お金がかからず運動にもなる

先にも書いたとおり、休日の1日は息子や友人たちと、都内や近郊の散歩、美味しいものを食べに出かけたりして過ごします。

60歳になったときに買った御朱印帳。元々、若い頃から鎌倉の神社やお寺を見てまわるのが好きで、よく行っていましたが、歳をとりもっと深く知りたいという気持ちが生まれました。

干支の猿が守り神の赤坂日枝神社へ行き、2冊買いました。ちょっと遠出の散歩や旅行には、必ず持ち歩いています。

どこの御朱印も趣と個性があって、見返すたびに写真より鮮明にその場が浮かんでくることもあります。パワーやご利益も期待しつつ、時々見返しています。お金もかからず、気持ちを豊かに満足させてくれるものです。

いつも付き合ってくれる次男と出かけるのは、都内ならほとんどママチャリです。

自転車散歩

近くの川沿いの遊歩道に咲いていた紫陽花。

水辺が好きなので、隅田川を渡るのも自転車散歩の楽しみ。

広大なディズニーリゾートの外周を走ったとき。タワー・オブ・テラーの裏側。

夢の島熱帯植物園の隣にある夢の島マリーナ。欧州のリゾート地のよう。

東京タワー。真下から眺めるライトアップは迫力あり。

夜のスカイツリー。ライトアップの色が変わる。

最近、都心ではレンタサイクルがあちこちに見られますが、もっぱら自宅から延々こいで行きます。鎌倉や葉山へ行くときは、駅でレンタサイクルを借りることもあります。観光客の人込みを避け、住宅街の裏道を走るのは快適です。

自転車は思うように走れて、路地に入ってみたり、ちょっと目を引く場所があればどこにでもとめられる。散歩の目的のカフェ巡りや神社巡りも、歩くにはムリな距離も移動できて、車のように風景が飛んでいくこともなく、駐車場の心配もありません。

なにより、自分の脚が燃料だから交通費もかからず、運動と節約には最適な趣味だと思っています。

仕事のストレスや運動不足をなんとかしたいと思っていたとき、息子に誘われてママチャリの遠出を始めたのが、56歳の頃。慣れたせいなのか、今のほうが長い距離を走れるようになったのも不思議です。

STYLE 6

目の前の幸せに満足しているからストレスフリー

毎日の暮らしの中で、大なり小なりのストレスがあるのは、生きているかぎり当然のことですが、どうやってストレスと折り合いをつけていくかをよく考えます。

振り返ってみれば、若い頃は他人と比べてしまうことがありました。あの人のご主人は年収が高い、あの人はいつも高価な服を着ている、あの人の子どもは成績が良い……など、自分の環境と比べて羨む気持ちが生まれ、ストレスになっていました。

ひとりになり、自分で自分を養っていかなくてはならない状況になったとき、人と比べることは不幸になる無意味なことだと思い始め、徐々になくなりました。どんなにお金がなくても、自活しているという自負が、そうさせたのかもしれません。

それでも日々あるのは、仕事や親戚、知人、近所付き合い等、人間関係のストレス。

仕事では、責任のないパートでも、ミスをしないように、上司や同僚に迷惑がかからないように、緊張するのもストレス。新しい仕事を任されて、なかなか覚えられないのもストレス。

面倒な仕事を押しつけられ、いいように使われているなと思うのもストレス。通勤の満員電車でギュウギュウに押されるのも、足を踏まれるのもストレス……。

日々たくさんのイヤな思いや、小さな怒りを抱えながら暮らしていても、その都度それが自分にとっての「ストレス」だとわかっていれば、大丈夫なのでは?

ストレスを自覚したら、原因を解決するのが難しくても、それ以上の楽しみや癒しで自分を労わってあげれば、こわくないと思っています。

そのためにも、家の中はスッキリ片づけ、ホッとする癒されるものや好きなものを飾って。家で過ごすときは気持ちの落ち着く時間にしたい。

幸い、今の私には、仕事で疲れても、家に帰れば自由な時間と空間があります。

贅沢な暮らしや遊びはできなくても、お金をかけない楽しみ方も知っているし、生活の基盤になる仕事と、元気な母やきょうだい、息子たちがいて、心を許せる友人たちもいます。

当たり前のことのようだけれど、こんな幸せはありません。

私という人間はひとりしかいないのだから、自分は自分。目の前の幸せに目を向けるようになって、今はストレスを感じることもほとんどなくなりました。

7章

1日1日を大切に、年を重ねたい

STYLE 1

「歩く」ことが毎日の運動です

運動は苦手なので特別なことはしていませんが、性格がせっかちなせいか、どちらかというと動きもキビキビしていると言われます。歩くのも苦にならないのは、30代からずっと外回りの仕事をしていたから。早く歩くのが習慣になっているようです。

当時、外回りは歩くのが疲れるし、大変だという社員の愚痴に、上司が、「みなさんはお金をもらって、ジムに行っているようなもの。歩いて足を鍛えているんですよ」と言ったことを、よく憶えています。

そのときはそんなふうに考えられませんでしたが、30代から50代半ばまで毎日仕事で歩いていたのは、体にとても良いことだったんだと、この歳になって思えます。

年齢がいき、脚が衰えるのをできるだけ先延ばしにし、いくつになっても自分の脚でしっかり歩きたいとは、誰もが思っていること。朝晩の通勤で自宅から駅まで、電車から降りて職場までの往復で、

歩くときは背筋をまっすぐに、を心がけています。履いていて疲れない靴が大切。

毎日30分ほど必要に迫られて歩きます。短いこの時間でもウォーキング運動だと考えています。

背筋を伸ばし、恥ずかしくない程度に軽く手を振りながら、歩幅を大きく早く歩くようにしています。そのためにも、バッグは斜めがけできるものを選びます。

毎年職場で受ける成人検診の事前問診の中に、同年代に比べ歩く速度が速いか遅いか、という項目があります。この質問からも、ただ長く歩くだけではなく、早く歩けることが健康のひとつのバロメーターなのだと思いました。特別にウォーキングの時間をつくらなくても、ひとりのときは通勤以外でも、早歩きを心がけています。

今の仕事は内勤ですが、椅子に長く座っていることは少なく、フロアの移動で階段もよく使います。歩数を測っていないのでわかりませんが、かなり歩いているのではないかと思います。

STYLE 2

ネットでラジオ体操の動画を。好きなときにできる

今の仕事で、特別な運動はしなくても、体は動かせています。ただ、同じ動作ばかりになってしまうので、体全体を動かすためにラジオ体操をしようと思いながら、つい忘れてしまいます……。ネットでいつでも動画が見られるので、好きな時間を選んで、余裕ができたら毎日の習慣にしていきたいと思っています。

10年ほど前に、運動不足を補うためスポーツジムに通っていたことがありますが、マシンを使って運動するのは性に合わず、楽しんでいたのはフラダンスとヨガでした。

とくにヨガは、初心者向けなら激しい動きはなく、しっかりした呼吸法を憶え、自然に体重が減ったので、ジムをやめてしまった後も自宅用にヨガマットを買いました。体が重く感じたとき、ユーチューブの動画を見ながら、夜40分ほどしていたこともあります。

これもこの先運動不足だなと感じたときには、ユーチューブという便利なツールを活用していきたいと思っています。

退職後にしてみたいことをあれこれ夢想

金銭的にも、また社会に関わりたいという気持ちや、頭を使ってボケ防止のためにも、もうしばらくは仕事を続けていきたいと考えています。

その一方で、仕事を辞めて100%自由になるのを、楽しみにしている気持ちもあります。

一番やりたいことは、やはり旅行です。今でもGWやお盆休み、お正月休みと長い連休がありますが、そういう時期はどこも混雑しており、旅費もかかります。シーズンオフの時期に旅費を抑えて、海外でも国内でも行ってみたいところがたくさんあります。

高校教材用の世界日本地図帳を買いました。今は眺めているだけでも夢が広がります。

ひとりなので、家を留守にする心配もない。毎日が日曜日という生活は、思い立ったときに出かけることができると思うと、ワクワクします。

7章

1日1日を大切に、年を重ねたい

時々、朝の通勤時に、駅前で観光バスを待っているシニアの人たちを見かけます。仕事を辞めたら、バス旅にひとり参加してみるのもいいなあと思ったり。

青春18きっぷを買って、ひたすら鈍行電車で移動し、好きな場所に泊まるというのも、してみたいことです。明日は仕事だから、早く帰ろうと思わずにすむのに憧れます。

旅行のようにお金をかけずにしたいのは、日々の生活では区の広報誌に出ているような、地元のシニアの集まりなどに参加すること。新しい人たちと出会い、会話を楽しみたいと思っています。

今まで自宅と駅までの往復だけだった地元の道も、脇道にそれて歩き、安くて美味しい食べ物屋さんを探す散歩をすること。電車に乗って足を延ばし、都内や近郊の神社仏閣を訪れることなども楽しみにしています。

また、子どもの頃習っていたピアノも、できればまた練習したいと思っています。30代の頃、電子ピアノを買って、ひとりで練習していたことがありました。

今は音符も読めなくなり、指も動かなくなってしまったかもしれませんが、指先を使うのは脳にも良いことのよう。これからピアノを買うことはないものの、どこか貸しスタジオを借りて練習したいなとも思っています。

できるだけお金をかけずに楽しめる方法は、いくらでもあるものです。面倒くさいが口ぐせの私は、どれも思うだけで行動しないまま終わってしまうこともありそうです。でも、いつか、という気持ちを持って空想するだけでも、楽しい時間になります。

話し相手が欲しくなったら、手段はいくらでも

今はまだ仕事をしているので、会社へ行けば昼休みに同僚たちとたわいもないおしゃべりをします。休日には息子たちや友人たちとも定期的に会って、雑談をしたり、長い時間お茶のみで話すことも多くあります。

まったく話さないという日は、めったにありません。逆に、誰とも口をきかない日があるのも大事、と思っているくらい。でも、この先何年か後に仕事を辞めたとき、休日は今までとそう変わらない過ごし方でも、平日は自分から動かないかぎり、誰とも話さない日が多くなると思います。

誰かと話したくなったら、LINEで「元気?」から始まるやり取りもありますが、直接会って会話するのが私は好きです。そのときはSNSを使って、友達とは違う話し相手を探そうと思っています。

今入会しているのは、SNSサイト「趣味人倶楽部《しゅみーと》」のシングル

趣味人《しゅみーと》倶楽部のHP

女子のコミュ。9年ほど前に入会しました。

離婚や死別、未婚等それぞれ事情が違い、女子と言っても60代限定。本名も住所も知らない、友達とは違うお付き合いですが、本音で話せる。

月に一度のランチオフ会に、毎月ではないけれど参加し、同年代ならではの仕事や病気、年金のこと、旅行や美味しい料理の話題。

参加するたびに、楽しく笑いながら元気をもらってきます。

時間ができたら、散歩やグルメの会等、もっと他のコミュを探してみようとも思っています。こういうコミュは、参加して自分に合わなければやめることができるのが、しがらみもなく自由でいいところです。

もっと身近では、地元の広報誌によくある無料講座等に参加して、地域の知り合いをつくることも、気軽に話し相手を探す良い方法だと思っています。これも、これから時間ができたら始めるつもりです。

STYLE 5

老後を心配しても仕方ない。今日を積み重ねるだけ

起こるかどうかわからない将来のことを考えて心配するより、今ある毎日を積み重ねていくことが老後につながる、と思っています。63歳の今、まだだいぶ先の80代や、すぐに来てしまうだろう70代のこともあまり考えることがありません。考えても仕方がないことだと思っています。

歳をとっていくことの愚痴を母に言うと、「若いくせに何言ってるのよ」といつも言われます。89歳の母から見れば、私はまだ若いのです。

母は、父が亡くなってから10年以上ひとりで暮らしています。足が少し悪いので、自由に外に出かけられませんが、毎朝新聞をていねいに読み、見たいテレビ番組があれば赤鉛筆でチェックし、録画します。好きなものと体に良いもので、バランス良く食事をつくり、洗濯も掃除も自分でしています。

お天気が良い日には近所を散歩し、携帯で花の写真を撮り、眺め

て楽しんでいます。自分もこんなふうに老後を過ごすのかな、と漠然と思うことはあります。

母は今のところ介護の認定もなく、老人ホームには絶対入りたくないと断言しています。自分の老後もこんなふうになるのが理想で、今の住まいが終の棲家になるでしょう。

ただ、友人の親たちを見ていると、いつまでひとりで生活できるのか、という不安もあります。

息子たちには金銭的にも労力としても、迷惑をかけたくないと思っています。どうしようもなくなったら、ホームへ入ることもあるかもしれません。

そのときはこの部屋を売り、わずかですが老後のための貯金を使うつもりです。

ここ数年、誕生日にいつも思い出すのは、何年か前のテレビドラマ「最後から二番目の恋」の中のセリフ。

主演の小泉今日子さんが、46歳の誕生日に隣家のサプライズパーティーで、46本のろうそくが立てられたケーキを前に、こんな歳でお祝いなんて恥ずかしいと言う場面。隣人役の中井貴一さんが、「誕生日にはお祝いすることが2つある。ひとつは、あなたがこの世に生まれてきたこと。もうひとつは、今元気で生きていること。年をとって誕生日が来るのはイヤだ、めでたくないと言うのはおかしい。年をとればとるほど、誕生日はおめでたく素晴らしいこと。20歳の誕生日より、46歳の誕生日のほうが素晴らしく、たくさんのろうそくはその数だけがんばってきたことの証」

というようなセリフです。

体力もなくなり、記憶力はゼロに近くなってきて、ムリがきかなくなる。老後の体やお金の心配もありますが、でも本当にその通りなんだと。歳をとっていくことを悲観するのではなく、喜ぶべき日なんだと、母の誕生日にも必ず伝える言葉です。

あとがき

子どもの頃から、作文や読書感想文など自分の考えを文章にするのが苦手でしたが、日記や家計簿で記録を残す習慣がありました。パソコンで文字を打ち、指を動かすことがボケ防止にもなると、60歳で始めたブログ。

書くことにも慣れた昨年の秋、ムック本『素敵なあの人のシングルライフ』(宝島社)からお声がけが。60代以降の著名な方々と並び、記事が掲載されました。

それが、すばる舎の編集さんの目にとまり、書籍出版のお話をいただきました。

書くことが苦手な私が、ひとりで1冊の本を書き上げるなんてムリだと思いましたが、「最大限のサポートをします」という言葉に押され、書けるだけ書いてみようと書き始めました。

その間に二度、カメラマンさんが撮影に来られました。

プロが撮る、雰囲気のある素敵な写真に、編集の方々と盛り上がって。休憩時間には手料理をお出しし、ワイワイ楽しい時間を過ごすことができました。

書き始めてみると、書きたいことがどんどん出てくる……。63年の人生を振り返りながら、今の暮らしと、漠然と思い描いている、これからの暮らしに対する準備。

想定の文字数をオーバーし、編集のお手間をかけてしまいましたが、でき上がった本は宝物になりました。

山あり谷ありだったけれど、今は平凡な60代ひとり暮らしの日常。長い間続けてこられたブログは、楽しみに読んでくださり、時にはあたたかいコメントを寄せてくださる、多くの読者のみなさまのおかげです。この場を借りてお礼申し上げます。

ショコラ

60歳だった2016年、ブログ「60代一人暮らし大切にしたいこと」を始める。「老前整理」として始めた物の整理を、逐一ブログで報告。等身大の目線からつづる暮らしに共感が集まり、シニアブロガーとしては異例の月間60万PV。にほんブログ村「一人暮らし」カテゴリではたびたび1位に。子どもが高校生だった42歳のとき別居、5年後に離婚。パート主婦から一転、バリバリの営業ウーマンとして自活してきた。57歳で退職、現在はパート勤務。30代後半の2人の息子とは、今も頻繁に交流。ネットやムックでも取材を受け、『ひとり暮らしの時間とお金の使い方』（主婦の友社）に著者として参加。

ブログ「60代一人暮らし 大切にしたいこと」
https://lee3900777.muragon.com

デザイン　マルサンカク
イラスト　須山奈津希
撮影　林ひろし
写真提供　ショコラ
編集担当　水沼三佳子（すばる舎）

58歳から日々を大切に小さく暮らす

2019年7月26日 第1刷発行
2019年9月20日 第7刷発行

著者——ショコラ
発行者——徳留 慶太郎
発行所——株式会社すばる舎
〒170-0013
東京都豊島区東池袋3-9-7
東池袋織本ビル
TEL 03-3981-8651（代表）
03-3981-0767（営業部直通）
FAX 03-3981-8638
URL http://www.subarusya.jp/
振替 00140-7-116563

印刷——ベクトル印刷株式会社

ISBN978-4-7991-0823-9